「阅读伴我成长」系列丛书

漫卷的时光

诗书

（2016年中学卷）

"阅读伴我成长"系列丛书编委会　编

浙江出版联合集团
浙江文艺出版社

天下第一好事还是读书

清末海盐名家、商务印书馆主持人张元济先生说，天下第一好事还是读书。《魏书·李谧传》也说："丈夫拥书万卷，何假南面百城。"大体名家大师都是好书、知书的，都以拥书乐读为人生快事。古往今来，诸如牛角挂书、囊萤映雪、挟策亡羊等苦读的例子也不胜枚举，而诸位学子，也大都经历了师长谆谆训诫，勉力读书。

读书应自年少始。少年锦时，一派天真烂漫，看花花红，看水水绿，真真是天赐的华年。此时，无柴米油盐之累，有无忧无虑之情，无畏首畏尾之态，有心比天高之志，一切都是那么的美好！

恰在此时，是要读点书才好。

读书可以明志。人生无非百年，没有人能经历所有的人生，也无法预知自己的今后。如何不走偏，少绕弯？须向书中求。季羡林大师说：人类千百年以来保存智慧的手段不出两端，一是实物，比如长城等，二是书籍，以后者为主。前人的人生经历尽在书中，前朝的往事尽在史中，鉴古而知今，于读书读史中，体味其精神道德，究察其审美意趣，熏染其心志风骨，斯情斯景中，铸造生命的脊梁。

读书可以增见。康德终其一生不出柯尼斯堡，每日著书立说，海涅说："德国被康德引入了哲学道路，哲学变成了一件民族的事业。一群出色的思想家突然出现在德国国土上，就像用魔法呼唤出来的一样。"康德对世界的广阔认识，正是从书本中来，其哲学理论的基础，亦是从浩如烟海的典籍中汲取、提炼，并加以审读批判而形成的。所以，俗语又说：秀才不出门，能知天下事。

读书可以广情。于书中看生活百态，体察众生万象，于情意契合处，同其情，感其意，心有戚戚焉，于是有言："老吾老，以及人之老；幼吾幼，以及人之幼。"悲天悯人之情怀，铁血家国之抱负，于无声处，暗生胸臆。

孟子曰："我知言，我善养吾浩然之气。"明志、增见、广情之后，浩然之气生矣。

由是可知，读书有用。而天下第一好事，还是读书。

我们也一直在全力推进学生阅读的工作。

嘉兴市以社会主义核心价值观为主题，把在全体师生中推广阅读工作作为重点，力求形成良好的校园、家庭阅读氛围，以"阅读伴我成长"系列读书活动为切入点，进一步丰富学生暑期文化生活，引导广大未成年人多读书、读好书、善读书，推动"书香校园"和"学习型家庭"建设，在全社会形成"以读书为乐"的文明风尚，为"书香嘉兴"建设创造良好的氛围。

政府部门和社会各界齐心协力，对学校阅读活动大力支持，提供了良好的平台，给予了有利的政策支持和条件保障。有了良好的环境，嘉兴市学生阅读工作一直以来开展得有声有色。

嘉兴市文明办、市教育局、市文化广电新闻出版局、共青团嘉兴市委、嘉兴市妇联、市新华书店已经连续八年组织开展了"阅读伴我成长"暑期读书系列活动，这一活动已经成为嘉兴市全民阅读活动的重要品牌活动。2016年4月至12月，第八届"阅读伴我成长"暑期读书系列活动在全市中小学中如期举办，全市六十万中小学、幼儿园学生全面参与，通过暑期读好书活动（包括"读好书写感想"征文比赛、暑期幼儿绘本推广活动和"读书小报"编写比赛）、"少儿故事大王"讲故事比赛、优秀童谣征集传唱、暑期阅读实践活动、"书香家庭"评比等形式，深入开展阅读活动，提升了学生阅读能力，推动了校园阅读氛围的优化。全市有三十六所学校、三十个家庭、四百四十六名师生获得市级各类奖项。

在"读好书写感想"征文比赛中，我们从大量的征文中遴选出其中的佼佼者，邀请了嘉兴市小学、初中、高中语文教研员领衔的一线老师，逐篇精读细批，由浙江文艺出版社精心设计，汇编成册，一为小学组作品集《聆听花开的声音》，一为中学组作品集《诗书漫卷的时光》，看小作者探头探脑地徜徉于书海，看资深教师细细剖解，想来于读书一道能有所得。

"阅读伴我成长"系列丛书编委会

2017年3月

目 录

漂泊路上的乡愁
——读《那条时光流转的小巷》有感

◆学校:嘉兴市余新镇中学　◆作者:孙起隆　◆指导老师:曹卫林

　　轻轻翻开刘墉先生的散文集《那条时光流转的小巷》,细细咀嚼其中的文字,觉得一股暖流向我涌来。作者刘墉用最朴实的语言,深深触动了我的心弦。

　　刘墉的童年是悲惨的。九岁丧父,开始与母亲相依为命;十三岁家中失火,家当皆成灰烬,只能和母亲在废墟边搭茅草屋居住。童年的不幸并没有将刘墉击垮,反而促使他更早地创造了辉煌——十五岁便展示了绘画天赋,三十一岁成为纽约圣约翰大学专任驻校艺术家,可谓少年成名。正因为如此,留给刘墉的儿时记忆,似乎只有那条时光流转的小巷。对于家乡,他有着别样的情感。(创伤,文学的酵母。)

　　那迷离如梦的巷子孕育了他的童年,让他无法忘记。正是那条平凡的小巷,照亮了他前行的路。小巷中弥漫着昙花的香味,那条布满青苔的小路和孩子们飞奔而过的身影是那么的熟悉,叫卖的喧闹声又勾起了他对往事的回忆。这,就是藏在心底的最爱;这,就是家。一条平常的小巷,勾起了他对童年时光的追忆,心中因此涌起了无限的爱。"众里寻他千百度,蓦然回首,那人却在灯火阑珊处。"当时只道是寻常,如今却已成追忆。(古诗名句的化用,看出积淀的功夫。)也许就是这样,在阳光下,时光是不能流转的,只有童年那窄窄的小巷里每一盏灯映过的地方,才有时光的印迹。

　　看这本书时,我悸动于开篇的《爱,就注定了一生的漂泊》,作者因为遗忘了帮朋友带的一幅画而失落不已,也会为许多琐碎的场景而感触颇深。因为常常往返于台湾和纽约之间,家人让他牵挂,故土让他依恋。刘墉甚至分不清这一趟是归途还是征途,前方是故乡还是异乡。在结尾处,他说道:"哪里有爱,哪里有牵挂,放不下,就是家!"

很喜欢史铁生先生说过的一段话:"皈依无处。皈依并不在一个处所,皈依是在路上。分割的消息要重新联通,隔离的心魂要重新聚合,这样的路上才有天堂。这样的天堂有一个好处:不能争抢。"谁说漂泊就注定了无所依傍?有根的人永远都不会漂泊,哪怕一生为客,客就是家,家就是客。"所有故乡都是从异乡演变而来的,故乡是祖先流浪的最后一站。"多么凄怆,又多么豁达!

四海为家,爱,就注定了一生的漂泊!

不禁想起了我的家乡,那是一个宁静而祥和的小村庄。它在很远很远的山外,而我在一个不大的城市里,中间横隔着千山万水。故乡的云,云下的山,山间的溪流,炊烟袅袅的村庄,脚下的泥土,熟悉的乡音,瘦弱的老牛……只在梦中依稀相见,浮在梦里的还有爷爷奶奶温暖的脸,梦里所有的故事都承载着童年的苦与乐,欢与悲。那时候的一家人,每天都是团聚。

后来转了三次学,从城镇转到农村,又从农村转到城镇,虽没有像刘墉先生那样疲于奔波,却也比大多数同学经历得多。(经历,酿出阅历。)许多年过去了,至今我已记不清是什么时候离开的家乡,也记不清大院门前种的是什么树,甚至连爷爷奶奶的脸也在斑驳的记忆中变得模糊……每到夜阑人静的夏天,那股浓到心口发酸的情愫便在心头蔓延,愈演愈烈。

但又不止我一人,古往今来,那些诗人词人又何尝没经历过这种思乡之苦?从"胡马依北风,越鸟巢南枝"到"离恨恰如春草,更行更远还生",再到"明月楼高休独倚,酒入愁肠,化作相思泪",他们无一不饱受思乡之苦。

但正因如此,我才能领会到家乡的重要,它让我们在孤单寂寥的人生里有所牵挂,使诗人写出一首首好诗,为后人所传诵……

乡愁总是让人感到时光的残酷,但真的只有愁吗?它饱含了家的力量,让我们在未来的四季里,荡起时光之外的勇气和信心。(愁到深处不伤悲,荡起勇气很可贵。)

点评

刘墉有坎坷的童年经历,本文作者有多次转学的经历,共鸣是阅读很好的触发点。大量古诗词名句的引用,显示出作者丰富的积淀与很高的语文素养。

沉淀张爱玲

◆学校:嘉善县丁栅中心学校　◆作者:袁燕慧　◆指导老师:褚蓓萱

有一天我们的文明,不论是升华还是浮华,都要成为过去。然而现在还是清如水明如镜的秋天,我应当是快乐的。

——张爱玲

张爱玲的文字,充满了深奥与晦涩,有一种白发老人的苍凉与悲伤,有一种忧伤式的快乐,有一种快乐式的愁绪。(开头一组排比,总写阅读感受。)

有人说:"在张爱玲的世界里,没有热闹、没有喧嚣、没有欢乐,因为这些都不属于她,她拥有的只是淡淡的哀伤与荒凉。"

张爱玲是一个落寞而孤僻的人,是一个声名显赫却又进退于现代与古典的女子。曾经权倾一时的李鸿章是她的曾外祖父,她是传统家庭的女儿;母亲和姑姑,这两位"五四"后勇敢冲出封建家庭樊篱的女性代表,又赋予了她现代"自由"的观念。

抗日战争的爆发,多变不安的局势,辗转反复的行程,外界的压力和打击,所有这一切,都是孕育张爱玲的温床,它们共同塑造出了这样一位女性。

人如其文,深奥而晦涩。

正如她自己所言:"在没有人与人交接的场合,我充满了生命的欢悦。可是我一天不能克服这种咬啮性的小烦恼,生命是一袭华美的袍,爬满了蚤子。"

在她的作品中,翻来覆去地感叹同一种荒凉的情绪,体会同一种孤独的感觉。

但苍凉归苍凉,她笔下的人物是饱含感情的。

《倾城之恋》中的白流苏,这个满腹心思的小女人,在对爱情的追求上,有着张爱玲许多思想的浓缩;《半生缘》中的世钧与曼桢,他们错开的机缘,丢失的幸福,源自张爱玲自身的许多体会。

即使她的小说大多以香港沦陷为背景；即使她的文章中透出一种悲愁，有一种阴雨连绵的潮湿感；即使她总能让人有一种无端的惆怅，可张爱玲毕竟是张爱玲，她走出了自己的路子，圈出了一方天地。（三个"即使"，写出张爱玲作品的内容丰富。）

曾经有一位作家说过，那个时代除了鲁迅，还有一个人的文章最可读，就是张爱玲。

傅雷称赞张爱玲的代表作品《金锁记》"是一个低气压的时代，水土特别不适宜的地方"开出的一朵奇葩，是"我们文坛最美的收获之一"。

贾平凹曾把张爱玲与其他女作家相比，认为在众多咿咿呀呀的花旦中，张爱玲是一个清纯的唱者，犹如白素贞。（引述名家的评价，增强文章力度。）

的确，张爱玲用她那支既大俗又大雅的笔，描绘出了资本主义文明最早登陆中国时的大都市中没落的贵族和市民的喜怒哀乐，为我们提供了认识那个时代的窗口。

无论她的作品怎样地反映中西方文化的冲击，无论人物怎样地扭曲与复杂，无论是"上海传奇"还是"香港故事"，张爱玲终究是张爱玲，一个无法轻易读懂的灵魂。（三个"无论"构成排比，写出张爱玲作品丰富的内容。）

她特立独行的为人处世引人注目，她风格特异却又时守典范，她顾盼自如却又近乎苛刻，这就是张爱玲。

点评

从身世、作品、名家评价等多方面写出张爱玲的独特。多组排比句的运用，有内容的高度概括，有作品特色的提炼，有阅读感受的梳理，是本文鲜明的特色。

笑容是最温暖的陪伴

——读《目送》有感

◆学校:海宁市南苑中学 ◆作者:张睿婕 ◆指导老师:方 华

又是一个炎热的午后。阳光恍惚我紧盯书卷的眼,轻挽玉帘,细腻文字如清风徐来,水波不兴。"对于行路的我而言,曾经相信,曾经不相信,今日此刻也仍旧在寻找相信。但是面对时间,你会发现,相信或不相信都不算什么了。因此,整本书,也就是对时间的无言,对生命的目送……"

这是龙应台的散文集《目送》之楔子。她的文字,温柔怡人,仿佛微风吹过麦田;深沉哀婉,犹如沧海与桑田的变幻。(两个比喻,形象写出全书风格。)父亲的逝、母亲的老、儿子的离、朋友的牵挂、兄弟的携手共行,生活常有欣喜和无奈。她写失败和脆弱、失落和放手,写缠绵不舍和绝然的虚无。写尽了幽微,如烛光冷照山壁,深邃忧伤却漾着美的光环。最爱在冷气十足的空调间,捧着这本书,翠色欲流的封面是如此清凉;仙音一阕,倘徉在龙应台的散文世界,心中总是温暖与感慨并存。

龙应台的角色在"孩子"与"母亲"之间不断变换——她挽着母亲颤抖的手,走在并不平坦的山路上,花鼓队的妇女皆素衣飘扬,兄长捧着父亲的骨灰坛。满山遍野的茶树,盛开着花,满山遍野一片白花。她替母亲梳好凌乱的银发,擦净其鞋上的黄泥。眼睛看着远处的祝融山峰,折下一枝茶花。"白云一片去悠悠,青枫浦上不胜愁。"情景切换,剑桥的巴士站,细雨打在撑开的伞上,白色的鸽子从伞檐啪啪掠过。归来的儿子拒绝了她递过去的伞,细细的飘雨濡湿了他的头发。原本总绕着自己转的小蜜蜂似的儿子开始走远,一点一点走远,终于消失在天边的晨曦中……(书中最动人的两篇,复述得很有诗意。)

"你要一直往前走,不要回头,不要做那个只能目送的人。"放下手中的花笺,是什么东西模糊了我的眼？模糊的视线中恍惚出现了一个瘦小的老人，步履蹒跚，却看不清他的面容，只是佝偻着背，很低很低，慢慢走远。视线逐渐清晰，桌上仍搁着这本《目送》。突然就想到大雨滂沱的黄昏，父亲亲自送到校门口的一把伞；想到外婆在昏黄灯光下织的钩花毛衣；想到炎热的夏天，奶奶从乡下带来的蔬果；想到晨练归来，餐桌上母亲做好的早餐……（排比，亲情浓郁的一个个细节。）蓦然回首，思绪翻飞，原来自己的青春一直都被幸福包围着。幸福，其实并非多么遥远的存在。是我在纷乱的梦想里，渐渐习惯了那些生活中的小幸福，忘记了幸福其实很小，小到可以被我遗忘！

"我慢慢地、慢慢地了解到，所谓父女母子一场，只不过意味着，你和他的缘分就是今生今世不断地在目送他的背影渐行渐远。"时光深处，总有太多无奈与悔悟，可我不想等到失去之后才懂得珍惜。与平行世界里千千万万的少年一样，我总是抱怨着长辈的唠叨，总是对着降温天一件厚厚的外套、黄梅季一双结实的鞋子自以为是，总想快快长大，离开这个温暖但狭小的家，去看看外面精彩的世界。黛眉轻弯，我不禁有些想嘲笑那个身在福中不知福的自己，那个有些愚蠢的孩子。家是最安全的港湾，有父母为你遮风挡雨，有柔软的铺着干净凉席的床，有最爱吃的菜和最香的米饭。夜色照大地，总有烟火气袅袅升起，何其幸福！应当珍惜。

虽然我们总会长大，总会离开这个美好的港湾，踏上逐梦的道路，但即便是到那时，我们依然可以常回家看看。而现在还在校园里的我们，更要珍惜与亲人相伴的时光。对于父母来说，最好的回报不是你取得多么骄人的成绩，也许只是想听你在饭桌上滔滔不绝地讲述着学校里的趣事；对于爷爷奶奶而言，最好的回报不是多么昂贵的保健产品，也许只是你一个甜甜的微笑和饭后悠闲的散步。陪伴是最长情的告白，笑容是最温暖的陪伴。学习之余，我们应该享受着长辈的"唠叨"，与他们共度最好的时光。

最好的时光，要和你们一起去徜徉，我愿意跟你们经历春秋冬夏；最好的时光，是和你共喝一碗汤，一起分享我们的幸福年华。不羡游嬉之乐，懒为尘俗之娱。梦想彼岸，七彩青春，唯有亲情不可负。放下手机，走出虚拟，牵起至亲的手，沐浴在春风沉醉的夜，仰望星空。（"唯有亲情不可负"，少年郎可贵的清醒。）

"时间是一只藏在黑暗中的温柔的手，在你一出神一恍惚之间，物走星移。"龙应台如此写道。冬天花败，春暖花开；有人离去，有人归来。笔尖轻移，薛涛笺上，仅一句话，说尽生平意：于爱你的亲人而言，笑容是最温暖的陪伴。

点 评

"写尽了幽微,如烛光冷照山壁",是《目送》写人写物写情的笔调;"牵起至亲的手""唯有亲情不可负",是本文作者可贵的清醒。比喻、排比,运用自如,雅词佳句迭出,显示出很好的语文素养。

悦读锦囊

读书是人的一种生活方式。阅读与不阅读是两种生活状况,一种是草长莺飞,鸟语花香,生机勃勃;一种是荒凉与沉寂,死气沉沉。人的存在必须有阅读,五谷酒肉只能喂养你的躯体,而不能滋养你的精神。人是追求精神享受并获得人生愉悦的动物,而这种动物需要修炼,修炼的方式便是阅读。

——曹文轩

铭记不如淡忘

——读《那条时光流转的小巷》有感

◆学校:桐乡市求是实验中学　◆作者:朱姚瑶　◆指导老师:钱寿华

> 有些曾经,幸福或是痛苦,只能深埋心底,淡淡的,真是淡淡的,随记忆掩埋在心底。
>
> ——题记

秉着对散文的一贯喜爱与对刘墉的好奇,我花了一个下午,"消灭"了这本说长不长说短不短的散文集。读罢,闭眼,回味。脑海中闪过一幅幅随书中情节文字而联想串联出的画面。

初翻目录,发现书名与其中的一篇相同,于是便先打开了这一篇《那条时光流转的小巷》。

对小巷,我一直有一种特殊的感觉,兴许是我同样在小巷中经历了很多、很多。成长方面,从稚童到少年;情感上,经历了第一次去爱,也第一次被爱,无论是亲情还是友情;第一次经历了生离死别的痛,也第一次明白铭记不如淡忘。(四个"第一次"为下文蓄势。)

确实,幽深、曲折的巷子总让人有时光错乱之感。顺着弯弯曲曲的道路,推开虚掩的门,门环上虽已染了铜绿,但扑面而来的却是杏花春雨的味道。远处,走来一个娉娉婷婷的女子,细雨晨雾将她的身形烘托得尤为朦胧,慢慢地,她踏着烟尘飘然而去;尽头,是一个背影清瘦的老妇,略带点凉意的风掀起她的衣角,泛白的旧衣布满细密的针脚,一针一线间不知藏了多少故事。从巷口穿过巷道再到路的尽头,需要多少时光呢? 也许一天,也许一年,也许半个世纪……(从"娉娉婷婷的女子"到"背影清瘦的老妇",是巷子深处的时光印记。)

时光就这样在巷子间慢慢流逝,不温不火、不急不恼。我就这样乖乖地顺着她的脚步走下去,也不急不躁,在这有不疾不徐时光流转的小巷中成长着,经历着。伴着曾祖母的茉莉花香蹦跳长高,裹着曾祖母慈祥的目光睡去,随着曾祖母的逝去而第一次感受到那种永无相见的绝望、心碎、冰冷。("伴着""裹着""随着",写出成长的历程。)从此,爱笑的我便沉默了,缅怀有曾祖母的过去,想起从前经常因不耐烦而敷衍曾祖母的话,然后后悔,心痛。

人有时候总是在失去时才后知后觉,才懂得珍惜,才发现要做的还没来得及做。一些人,一些事,以为总来得及去爱,去做,去珍惜,却在别离之际发现,一切都只是空许期,一切都没来得及。于是,后悔,心累,痛恨自己。

因为小巷中有曾祖母的气息,有曾祖母的音容笑貌,所以,我选择了逃。

因为我怕,毕竟是我对不起她。第二年,母亲和父亲就带我搬离了生活了十一年的小巷,走的那天我又哭了,我对自己说这是最后一次了,今后应该放下了。那一次,也许是最后一次,但我没有回头,因为我怕。

十五岁时,小巷要旧城改造,母亲对我说:回去看看吧,以后就没了,给自己一个念想。我无言,苦笑。木木地回到小巷,记忆中是大冬天,天空飘着小雪。缩缩鼻子,我猛地闻到一股茉莉花香,泪陡然自眼角落下,四年了,四年了,我终是放不下,曾祖母,你可以原谅我吗?可以吗?望着这时光流转的小巷,我有泪也有惋惜。十五岁了,我觉得该是时候淡忘了,就将曾祖母这个无法触及的痛埋在心底吧。该是时候学会看淡了,学会将心里的人儿深藏在岁月的尘烟没有企及的地方。只是偶尔,在某个落雨的黄昏,在某个寂静的夜晚,某个有着茉莉花香的小巷,你会在心中隐隐地淡入,淡出,淡出,淡入,拿不走,抹不掉。("淡入""淡出"的反复,写出了心绪的复杂。)

那条时光流转的小巷带我经历了太多太多。刘墉的小巷幻中有真,真中似幻,值得他一生去咀嚼、去回味,小巷中那迷离的灯火、往日的情怀使其沉迷、留恋。而我的这条小巷让我痛,让我爱,让我学会淡忘,学会珍惜……

点 评

阅读一部作品,有相似的经历,容易唤起强烈的共鸣,从而强化生命体验。本文作者喜欢刘墉《那条时光流转的小巷》,正因为自己有十一年的小巷生活经历。

题目"铭记不如淡忘",鲜明有吸引力,但事实上,这样清晰地写出,恰是对往昔经历的又一次铭记。

悦读锦囊

你会发现学校教育虽然有不少僵化而值得批评的地方,但无可否认的,它也像是营养专家,将各种食物拼成食谱。虽然口味变化不大,也不够刺激,却有你必需的营养。当你按部就班地读下来,自然得到了完整的学问。而不会像你自修时,可能随兴所至,东抓一本,西抓一本,看来渊博,却忽略了最基础的东西。

——刘　墉

每一个不曾起舞的日子
——读《平凡的世界》有感

◆学校:海盐县博才实验学校　◆作者:钟天天　◆指导老师:夏　斐

> 每一个不曾起舞的日子,都是对生命的辜负。
>
> ——尼采

淡淡的封面,浅浅的图,小小的头像,简朴的字:平凡的世界。"平凡"二字却刺伤了我的眼。这无奇不有的世界,还有平凡可言?路遥是何许人?究竟要表达如何荒唐的观点?我不由自主地阅读此书。(欲扬先抑。)

这是一本阅读起来很轻松的书,它没有标榜什么人生的道理,也没有熬制无味的心灵鸡汤;(两个"没有",道出此书的独特魅力。)只是像多年不见的老朋友一样,和读者聊聊发生在少安、少平身上的故事。

主人公少安出生于黄土高原一个普通的农民家庭,"文化大革命"时期,他家经济拮据,每天中午吃的是清水白萝卜、两个高粱馒头。一身简单的衣服,两条瘦长的腿,更是给人一种落魄的感觉。他喜爱读书,尽管当时看不关心无产阶级政治的书会被人揭发,但他还是保留了阅读的习惯。因家庭经济困难,他将读书的机会留给了弟弟少平和妹妹兰香,后来自己开办起了砖厂,历尽千辛万苦使自己的家人过上了富裕的生活,带领全村人走上了致富的道路。弟弟孙少平回到农村后也历尽波折,从农民到乡村教师,又到朝不保夕的揽工汉,再到一名矿工,他由于表现突出当上了班长。他们经历着各种各样的困难,但是在困难面前从不认输。他们一点一点地、坚韧不拔地努力,终于获得了成功。

砖厂雇用了一位河南籍的老师傅,后来另一位自称手艺高强的师傅来到了厂里,老师傅被解雇了,但是少安没有想到,这个自称手艺精湛的人并不是一个行家,碰巧当时又新买了机器,第一批砖头烧制失败,砖厂欠下了巨债。但是在经历了这番风雨后,少安并没有放弃,不久后,他的妻子在河南的亲戚家借到了钱,又想方设法请回了老师傅,砖厂重新开业,挺过了危机。

翻阅中,我的思绪随着书中少安的经历一起跌宕起伏:放弃考学,自办砖厂,危机面前,顶住风雨,到处筹钱,再度请回老师傅,唯一的梦想就是脱贫致富。"我要让我家富裕,我要让我们村的人富有……"这是一直萦绕于他心中的梦。尽管砖厂遭受困难,但他不言弃,坚守努力……这需要何等的勇气,何等的毅力啊!

每一个不曾起舞的日子,都是在为起舞的生命厚积。没有每一次的坚守,何来少安最后的成功!没有每一步的坚定,何来全村人的幸福!少安用心,用行动,诠释了一个灿烂起舞的生命。当"证书""荣耀"光临于他的时候,我们看到的都是他对生命起舞的坚守与梦想!

从小一度梦想当个小小钢琴家的我,向来酷爱钢琴,一旦有琴,一旦有琴声,哪怕不那么悦耳,哪怕不那么优雅与婉转,我都喜欢驻足,喜欢倾听,更喜欢坐在钢琴旁,轻轻舞动那黑白的琴键。坐在琴前,我就心如花开,兴奋起舞。茶余饭后,琴成了我的牵挂。一步一步,我站上了讲台,站上了舞台,更成了伙伴们羡慕的对象。可是随着练习难度的增加,加之父亲的呵斥、钢琴老师的哀叹,我渐渐失去了斗志。打开琴盖成了我的负担,练习曲子成了我的负累,几度借口不弹琴,最终放弃了我的钢琴梦。(联系自我,读书体会更深切。)

少安的致富梦鼓舞了我,让我重拾梦想,继续坚持。可是当我再次坐在琴前时,我才发现我已全然找不到当初的感觉,那种熟练,那种如鱼得水的快乐感,已离我远去。突然间我也领悟了为何当初琴技会突飞猛进,钢琴老师几度夸赞我乐感出色,其实源于我对它的一份追求,正如少安说的:"我要致富,我要致富。"如果当年我也有少安的毅力与坚持,我的钢琴梦一定也不会被辜负。人生的深度与厚度就是在这每一个不起舞的日子里厚积而来。

故事结尾,少平成了出色的矿工,当他手捧两张通知书的时候,他什么也没说,直接塞进了衣兜。我全然明白,在起舞的日子里,有着不起舞时的点点滴滴,唯有珍惜,才会有亮度。正如区长雷汉义说的:"回去只管掏咱的炭。"质朴的话语,道出了平凡日子里的不平凡。

故事有温暖的,有孤单的,有明亮的,也有疯狂的。故事虽然不能给我提供现成的人生行走线路,却可以让我看透生命起舞的轨迹,认真前行,下定决心把每一天都过得起舞飞扬,不再辜负美好时光。(结尾言简意赅。)

点 评

《平凡的世界》是有鲜明时代色彩的大书,是一曲平凡人在特定时代背景下的奋进之歌。本文作者用较大篇幅概述作品中感人的故事,并由作品中主人公的成功反观自己练钢琴的挫折,进而悟出深刻的道理:把每一天都过得起舞飞扬,不再辜负美好时光。

悦读锦囊

世上好书,浩如烟海,一生不可能读完,且又有的书虽好,但不能全为之喜爱,如我一生不喜食肉,但肉确实是世上好东西。你若喜欢上一本书了,不妨多读:第一遍可囫囵吞枣,这叫享受;第二遍就静心坐下来读,这叫吟味;第三遍便要一句一句想着读,这叫深究。三遍读过,放上几天,再去读读,常又会有再新再悟的地方。

——贾平凹

微　光
——读《巴黎圣母院》有感

◆学校:嘉兴市南湖区城南中学　◆作者:许　盈　◆指导老师:赵凤丽

天始终是灰蒙蒙的,潮湿阴冷的风中飘着窸窸窣窣的碎语,偶尔传来几声欢笑。这座城很安宁,它在等待。它似一只惴惴不安的笼中野兽,蓄势待发。

一声咆哮响彻天地,第二声,第三声……城因声音而颤抖。音丝声线在空中交织成色彩斑斓的锦绣,越来越狂乱,越来越震撼。兽性在一瞬间爆发,演绎出疯狂的交响曲,它在挣脱,欲寻求自由与欢乐。

仔细听,不难发现,那是钟声。钟声回荡于整座城的上空,被阴暗包裹,染上浅浅的铅灰色。顺着线索,狂野的源头逐渐显露出来。

一座巍峨壮美的教堂,亭亭玉立,她是历史的女儿,岁月与伤痛在她姣好的面容上描下深深浅浅的皱纹,透露出浑然天成的庄重。浮雕、镂刻,凝聚在恢宏的整体上,在某一个惊心动魄的夜里,它们仿佛会苏醒……

抬头看向两座青石披檐颤动着的钟楼,所有的野性都是从那里传出,几口大钟左摇右摆,阴暗的光线在青铜色的表面上游走,泛出古老的光泽。微眯起眼,一个黑影随着大钟来回摆动,似怪物般大喊大叫,零距离感受钟的嘶吼。

是他表现出宏伟教堂宽厚的慈悲,是他给予了沉寂的建筑无限的活力。

对于人们而言,他是一个怪物。他天生身体畸形,面容丑陋。更不幸的是,他因长年敲钟成了聋子。或许,他真是个怪物。

仅在一刹那,野兽仿佛气力用尽。几口钟突然停止鸣响,余音渐渐消逝于风中。残存的轻微呻吟,很快被人群的喧嚣湮灭。轻微的手鼓声似海浪,从遥远的天际传来,越来越汹涌,拍击柔软的沙滩,清凉的水触碰着人们的身体,使人不知不觉坠入梦幻的深海。

视线移向教堂旁的广场，熙熙攘攘的人群簇拥着一个正在跳舞的宛若仙女的吉卜赛女郎。

那个黑影蹲在钟楼上，忘记了钟，深深凝望着她，目光中充满柔情蜜意。

与此同时，教堂的一扇小窗户里，阴郁的男人眼中迸射出凶狠而淫荡的目光，也紧紧盯着女郎。

欢快的声音突然停下，一匹骏马从广场前跑过，骑卫队长没有理睬女郎的深情凝望——目光中充满柔情蜜意。他只顾向阳台上的一个女子微笑、致意。

这一帧帧画面只不过是雨果《巴黎圣母院》巨大画卷上的一角。在他的妙笔之下，无论是外表丑陋不堪却心地善良的卡西莫多、纯洁美丽的爱斯梅拉达，还是阴险恶毒的克洛德·弗罗洛、外表英俊却内心龌龊的弗比斯，（*精练的用词，概括出主人公的特点。*）一丝一毫都精雕细刻，每一个人物都栩栩如生。

单方面的凝望，单方面的爱恋，（*"单方面"，情节衍生之源。*）主人公被一条无形的丝线缠绕在一起，诠释出神秘的"命运"。

卡西莫多遇见弗罗洛，弗罗洛遇见爱斯梅拉达，爱斯梅拉达遇见弗比斯……命运就是一场场遇见，所有的故事因遇见而衍生，（*一个个巧合的"遇见"，构成情节发展之网。*）善与爱也因此而溶解在冷涩的空气中。

卡西莫多因一场荒唐可笑的审判被绑上刑台受罚，善良的巴黎市民或嘲笑他，或羞辱他，甚至在他可怜地连喊三声"喝水"之时，也没有人产生悲悯之情。

终于，人群中的爱斯梅拉达走上刑台，亲手给这个外表丑陋的苦命人喂了水，即使昨天晚上她差点被这个人劫持。

在那张畸形的脸上，滚下大颗泪珠。这也许是他的第一滴眼泪。

阳光透过铅灰云层，在两人四周画下七彩光圈。

善便幻化成彩色的光直抵人心，就连血液中也汩汩流淌着温暖。

卡西莫多是凶狠残暴，但人们是否想过他只是出于自我保护？

人们认定他是怪物，将所有的不幸归咎在他的身上。他们认为自己是如此伟大的善人，因为惩罚了恶。

他们从不曾意识到正是他们自诩精通的善将卡西莫多丢弃在荒无人烟的孤岛，使他成了现在的他。

他们忘记了真正的善与爱。

但爱斯梅拉达抛下了一条绳索，使卡西莫多触碰到了善与爱的边缘。是他从绞刑台上救下她，是他给了她最好的保护与关怀，是他为了她在黑夜中大战数人……

爱似花朵般娇嫩美丽，但如果没有水的滋润，它便会在污浊的空气之中腐败、发臭。善是天下最纯净的水。（经典的比喻。）

弗罗洛的爱自私、阴险、狡诈，弗比斯的爱肮脏、丑陋、无耻。他们的心中没有善，是比卡西莫多还要可怖的怪物。他们为爱斯梅拉达带来无尽的悲苦与死亡，他们的爱更衬托出卡西莫多爱得高尚与刻骨铭心。

故事的最后，卡西莫多抱着爱斯梅拉达的尸首长眠。当有人将他们的骷髅分开时，他的遗骸立刻化作尘埃飞散。

这是最好的结局。

而书中最奇异的存在便要数圣母院了。它是救赎之地，亦是苦痛之源。卡西莫多在此成长，爱斯梅拉达在此避难，弗罗洛在此筹划阴谋诡计……它以极大的气度容纳所有。雨果给了它生命、名气，更给了它一种笑而不语的上帝般的沉默。

这本书不仅仅是一个故事，还是一个精神世界。它让我们窥见人性的隐秘、接触极致的情感，它以中世纪的巴黎为镜子，折射出善与爱的微光。

世界会黑暗，人性会愚昧，但善与爱便是那道微光，即使微弱，也能刺破重重阻碍直达人的心底。（点题。）

正因为如此，我们能够超越时空的维度来感知它们的存在。

点 评

前十二个自然段用优美的语言缩写了《巴黎圣母院》的高潮部分，描写式的开头在读后感中显得别致。四个主人公心性的比较，凸显出善与爱的力量——即使微弱，也能刺破重重阻碍直达人的心底。"微光"，是很形象、很有内涵的拟题。

你是磁场，我是磁针

——读《傅雷家书》有感

◆学校:平湖市东湖中学　◆作者:郑漪澜　◆指导老师:赵忠明

这是一本怎样的书呢？我的目光在字里行间游弋,不时驻留在一些或朴实或隽永的词句中。手捧品读之,卧床翻阅之,一次次地,我走进书里。掩卷之际,有两个重于千钧的字烙刻在我的心头,这便是:父爱。

这本书是《傅雷家书》。

爱在絮语中

傅聪出国深造,这一走就是十多年。作为父亲的傅雷,对于孩子的生活起居,自然是无法亲自照拂,也不能面对面地亲授为人之道、艺术之道。然而,读了《傅雷家书》,我每每惊讶于他对傅聪的指导竟是如此的周到、细致!(总括。)

傅雷认为,"单靠音乐来培养音乐是有很大弊害的"。因而,他总是建议儿子多投身大自然,多去博物馆看画,多向前辈请教,他也让儿子多看各类书籍,多钻研乐理,了解音乐史……他甚至把自己苦心搜集的各类书刊寄给远在国外的儿子,他也时刻关注着儿子的艺术成长和演出情况,并做出独到的分析、评论。读着"家书"中那些对傅聪音乐的精当的评论文字,我们不难看出傅雷对音乐的深刻洞见和极为专业的指导。

他有专业见解,可见他的博学、多才。令人意想不到的是,其实他也是一个生活方面的参谋和顾问。他叮嘱傅聪要注意礼仪,力戒他自己也有的急躁毛病,提醒他要合理安排用度和生活开支。他劝诫孩子,"太容易相信人,……对你将来是危险的"。如此言之谆谆,悉心指导,让人无比感动!他甚至事无巨细地叮嘱孩子,写信时要注意一些"要紧的小事情",写信和日常琐事"要做得干净",还多次指出儿子来信中的个别错别字(包括英文)。

他在信中直言对儿子的那份"护犊"之情,而且,他的这份感情与日俱增! 他有"我愈来愈爱你了"的深情告白,那份爱甚至几乎是满盈的了:"了不起! 亲爱的儿子! 我们对你若非已爱到无以复加,就要为此更加爱你了。"他为自己这个"园丁"做得成功而颇感骄傲,"有些段落好像是我十几年来和你说的话的回声……你没有辜负园丁!"他把收到儿子的回信视为"最大安慰",有时又为收不到回信而"痛苦",一旦接到长信又"心里老大的不忍"。这种矛盾的心情,让我们看到了一个父亲极为真实纤细的心理感受和父爱的深沉厚重。(选取直言护犊之情这一点,表现父爱的深沉厚重。)

爱之重

古人云:"情到深处无怨尤。"无怨无悔地付出,从来是没有理由,也无需理由的,由此可见爱之深重。读着一封封情深意切的家书,一种具有磅礴之气的父爱,弥散复凝聚于我的心头。

下面就来列举两个足以一窥父爱之重的事例。

其一,一位保加利亚音乐家听了傅聪的音乐会后,通过音乐协会想要一份关于傅聪的材料。请看傅雷是怎么做的吧:"我便忙了一个下午,把南斯拉夫及巴黎的评论打了一份,又另外用法文写了一份你简单的学习经过。昨天一整天,加上前天一整晚,写了七千余字,题目叫作《与傅聪谈音乐》。"不止于此,傅雷还表示,"等刊出后,我会剪报寄华沙",也即,一俟此文刊发,他就会以信的形式寄给身在华沙的儿子。

其二,因傅聪"屡屡提及艺术方面的希腊精神",傅雷就想到了自己翻译的《艺术哲学》,其中正好有"希腊精神"的内容。可惜此书译完后已搁置一年多,却仍是"一时决无付印之望",于是,他"特意抄出丹纳《艺术哲学》中第四编'希腊精神'译稿六万余字"。此大工程,他"每天抄录一段","将近一月方始抄完"。他这样做自有"算计",此一译稿,"均另加笺注,对你方便不少"。要知道,这是在傅雷"腰酸背痛,眼花流泪(多写了还要头痛)"的情况下,且"不得不用了放大镜来抄"的。(两个事例,显父爱九鼎之重。)

由此可见,傅雷为儿子的成长真是倾尽了心血,也倾注了常人难以企及的"款款深情"！读之,直让人九曲回肠,心弦久久为之颤动……

智者之声

尺幅之间,情深无限。一封家书,一份浓浓挚情。其实,在这爱的氛围中,我们也可以撷拾到不乏智者之声的箴言。

"真诚是第一把艺术的钥匙。"这一句朴素朴实的话,道出了艺术的真谛,做人又何尝不是如此! 在傅雷的家书中,我们可以一遍遍重温对"真诚"的释义。是啊,唯有真诚,方能铸就华彩人生。

"世界上最有力的论证莫如实际行动,最有效的教育莫如以身作则。""行动",也是书中屡屡出现的高频词。这充分说明了"行动"之于"语言"的重要性,也足见其寄望之殷! 须知,有所行动,方能有所作为、有所成就,我们绝不能做语言的巨人、行动的矮子。

"艺术最需要静观默想,凝神壹志。"是啊,大凡做任何事,都需要专注专一的精神。"艺术也是一个暴君,因为做他奴隶的都心甘情愿,所以这个暴君尤其可怕。你既然认了艺术做主子,一切的心酸苦楚便是你向他的纳贡。"艺术需要你一心侍奉,还要出于一片真心、一腔真爱。如若认定了一件事,我们就要全身心地投入,执"迷"而不悔!

"先为人,次为艺术家,再为音乐家,终为钢琴家。"这是傅雷教育儿子的"信条"。傅聪也正是始终铭记着这一做人准则,才终于成为一代钢琴大师的。无论哪行哪业,做人永远是第一位的,我们应该力求完善自己,做一个堂堂正正的人。

读此书,我深深地浸淫于傅雷家书中所营造的爱的磁场中,感觉自己就是一枚小小的磁针,向着磁场中心,不由自主地靠近,靠近……作为此书的读者,我想我是有幸的。(以"磁场""磁针"为喻,写出吸引力之强。)再想,作为傅雷家书第一读者的傅聪,能够长期地一亲手泽,那又当何其幸哉!

在傅雷家书所营造的强磁场中,他的儿子傅聪也应该是一枚幸福的磁针吧。

欲知拳拳父爱有几何,请君一读此《傅雷家书》。

点评

丰富的引述与直抒胸臆的评论,表明本文作者对《傅雷家书》有非常细致的阅读与思考。"爱在絮语中""爱之重""智者之声",三个小标题,由浅入深地概括了阅读的感悟。

悦读锦囊

书多了,容颜自然改变,许多时候,自己可能以为许多看过的书籍都成了过眼云烟,不复记忆,其实它们仍是潜在的。在气质里,在谈吐上,在胸襟的无涯,当然也可能显露在生活和文字里。

——三　毛

漫山遍野茶花开
——读《目送》有感

◆学校:海盐县实验中学　◆作者:许楚涵　◆指导老师:韩国华

华人界最犀利的一支笔——龙应台。她写父亲的逝,母亲的老,儿子的离,失败和脆弱,失落和放手,写缠绵的不舍与生死的虚无。

她把冷静的面孔留给世人,将无数的不尽如人意、失落忧伤裹进文字,坦率到痛楚。

她写她的父亲,年迈而衰老,额头上布满了黑色的老年斑,走路颤颤巍巍,最后在白色的病房里了却一生。至死,他都没有回到自己的故乡长沙去看一眼,这是时代强加的伤痛,不可挽回也无法挽回。

她写她的母亲,一个曾是杭州绸庄小姐的女人,一个在六十五岁时文了眉和眼线的沉溺于美的女人,一个含辛茹苦用一双手养大了五个孩子的女人,一个一生辛苦可终不能返乡的女人。八旬的老人,却像个孩子一样,日日思念着她的"雨儿"。是时间带给了她们距离,曾经,她们都以为可以陪在自己心爱的人身边一辈子。

她写她的儿子,安德烈和菲利普。她和他们是两代人,亦是两国人,中间隔了三十多年的光阴,彼此隔了中西不同的文化。她用这十几年的年华去照顾她的两个儿子,努力地沟通着尝试着。她认识了人生中第一个十八岁的人,他们也同样第一次认识了他们的母亲。是耐心带给他们莫大的馈赠,让他们不像水上的浮萍一般,各自漂开。

她写她自己,一个"难民",一个愚钝的人,一个柴米油盐、洗衣做饭全部交给母亲的笨拙的人。可是这个连饭都不会做的人,在自己做了母亲之后,可以在十分钟之内为孩子们送上颜色鲜艳漂亮并且富含维生素、淀粉、蛋白质的食物,并且可以在短时间内做完一切家务。是心的呼唤,时时刻刻告诉自己:"我是一个母亲。"

和她一样,当年那个可能只知道三毛、亦舒、张爱玲的我的母亲,在看到我这个从她身体里出来的小小的孩子后,也学会了洗衣做饭,知道了大白菜多少钱一斤,牛身上哪个部位的肉最好吃,哪些蔬菜调配在一起可以变成一碗美味的沙拉。只懂得为自己挑选美丽衣服的她也渐渐学会了坐在摇椅上为我织各式各样的毛衣,穿着也逐渐变得不拘小节,草草了事。("母亲",伟大的担当。)

在这个多变的社会,我们拼命地学习如何冲刺一百米,但是没有人教过我们:你跌倒时,怎样才能跌得有尊严;你的膝盖破得血肉模糊的时候,怎么清洗伤口,怎么包扎;你痛得无法忍受时,用什么样的表情去面对别人;你一头栽下时,怎么治疗内心淌血的创伤,怎么获得心灵深层的平静;心像碎了一地的玻璃碴的时候,该怎么收拾?

对于生活,我也时常会害怕,那些虚假的、伪善的面孔是否潜藏在我的身边?龙应台说过,很多她二十岁之前所相信的事,最后一件一件变成不相信,可怕的是最初的信仰也一件一件变成可笑滑稽的臆想。(《目送》中最沉重的一笔。)

生活总是在继续,与其整日闷声赌气地活着,不如开开心心地笑着。

龙应台先生,她是一个孩子,也是一位母亲;她是中国人,也是这个社会的公民;她是一个誉满全球的作家,也是一个生命的见证者。

生命中有衰老,有成长,有脆弱,也有不易。它目送着一代代人的背影远去,迎接着一个个时代的更替。而我们只是大千世界里有主张、有思想的小生物,合群地活着,并活出一个"不合群"的人生,才是我们该做的事情。("活出一个'不合群'的人生",是美好的愿望。)

漫山遍野茶花开,便是你来看花时。

相信一切都是最好的安排。

点评

本文对《目送》中所写到的父亲、母亲、儿子和作者自己,有精当而全面的评述,可见小作者阅读的细致。写到"相信与不相信"这一书中略显无奈与沉重的话题时,本文作者能不深陷其中,而且能读出积极的感悟:"合群地活着,并活出一个'不合群'的人生",相信一切都是最好的安排。

爱情的英雄主义
——读《荆棘鸟》有感

◆学校:平湖市全塘中学　◆作者:王悦雯　◆指导老师:郑江峰

"不愿被囚禁的鸟精神上向往着自由,肉体却已腐朽。"

《荆棘鸟》这本小说中没有感极而悲的别离之感,没有戍边不定的采薇之伤,也没有未有知者的黍离之悲,但有着菲奥娜和梅吉两代女人的爱情。(三个"没有",凸显这本小说的特别之处。)其历史背景极其暗淡,模糊不清,正因为如此才让《荆棘鸟》有了独特的亮眼之处。

相较于梅吉追逐的一生,菲奥娜的爱情更令人动容。菲奥娜的一生都似蒙着一层似有若无的黑纱幔,如生活在囚笼中,铐着沉重的铁链,毫无热情,毫无生气,犹如深冬落尽秋叶的枯枝丫,亦如开在时光罅隙里的一朵卑微而妖娆的苍白桔梗,使人望而生出无限悲凉。

菲奥娜的人生有过两个悲剧:第一个是想得到的得不到,第二个是想得到的得到了。

在青春芳华时,菲奥娜曾义无反顾地爱过一个人,奋不顾身,哪怕他早已心有所属,哪怕最终所嫁之人非他,她也要怀上所爱之人的骨肉——弗兰克,然而梦境里向来是完美的,如同故事里的童话,美丽而缥缈,但指尖轻触便会无力消散。

那样的爱情,如同一份沉重的债务。她的丈夫对她有着深沉而浓厚的爱意,她却只顾埋头为丈夫开枝散叶,打理内务,用一味地顺从来偿还对方对自己深入骨髓的爱意。

在这沉重的还债气氛中,她的眼里只有她与心上人的骨肉——弗兰克,尽管要为生活苦苦挣扎,却仍要在这挣扎的间隙停下来,把世间的美景指给他看。只有弗兰克是她的心之所系,是她的灵魂之火,是她对自己刹那芳华的青春与爱情的缅怀。

而被母亲倾注了无数心血的弗兰克，却对善良尽责的继父充满了病态扭曲的仇恨以及越界的猜疑。

殊不知，帕迪（菲奥娜的丈夫）不愿让弗兰克离家，仅因他深深了解：菲奥娜在这个家所有的寄托只是弗兰克，而非自己或者自己与她的儿女。

老实善良的农民帕迪无法成为凛然制胜的锋利刀刃，也无法成为战火中紧护心口的坚实铠甲，但他在血液里为菲奥娜温了一盏绿蚁新醅酒，在山野浓雾中为她燃了一豆不灭的灯光。菲奥娜是他遥远的希望，咫尺的梦想，只要放在心里，就有希望的光亮。但他穷尽一切，也无法走进菲奥娜的心头，正如他所说的："能娶到菲，是我一生的幸福，却又何尝不是一世的悲哀。"绿水本无忧，因风皱面。青山原不老，为雪白头。（古雅的比喻，妙解苦涩的爱情故事。）

而菲奥娜那被自己挥霍殆尽的青春与爱情，又是何等的荒芜。正如吴冠中老先生说的："鲜花令人珍惜，由于花期苦短，落花流水春去也，花比青春，年华易逝，诚是人生千古憾事。"

思之若狂，求之不得。一颗心被喜怒哀乐反复煎熬激荡，像在沙漠中等待暴雨，在日暮时追逐黎明，像在手心埋下一条细长曲折的纹路，承载着每一寸记忆光影，温柔地贯穿这单薄的生命。（比喻、排比，写出爱情的痴狂。）

看完《荆棘鸟》，我想，也许爱情就单纯是爱情，真正的爱情非他物所能稀释、污染、消弭。就算前路晦暗无比，荆棘丛生，也要一路向前，泣血而歌。

这就是我心目中爱情的英雄主义。（点睛之笔。）

点评

爱情，是文学作品永恒的主题之一。本文作者以中国古典诗文阅读的积淀去解读西方爱情小说，读出"我心目中爱情的英雄主义"，很不容易。

把握时间,"渐"悟人生真谛
——读丰子恺人生小品《渐》有感

◆学校:王江泾镇中学　◆作者:梁忠庆　◆指导老师:孟国民

　　寂静的夜里,人们都已进入梦乡,唯有时钟嘀嗒嘀嗒地走着,昭示着时间的流逝。渐渐地,天亮了,人醒了,世界吵起来了,而那时钟还在嘀嗒地走着。我似乎总能在这样的时刻遇见丰子恺先生,遇见他的"物质,精神,灵魂的人生三层楼"。("人生三层楼",形象,深刻。)是的,时间还在走,而他却还在人生的楼层里渐爬渐高……

　　丰子恺的女儿丰陈宝说过:"小时候听人说笑话,说的是有个外国人吃橄榄,嚼在嘴里,没有丝毫甜味,唯有满嘴青涩。那外国人一怒之下将橄榄扔到了屋顶上。可没走几步,又觉得满嘴甘饴,清爽无比。于是这个外国人搬来梯子爬上屋顶,把那枚刚被他丢弃的橄榄又捡了回来,擦擦干净塞到了嘴里。读丰子恺先生的作品,也有这样类似的感受。这不光指读那些'子恺漫画',读我父亲的随笔也是这样。"

　　《渐》便是一篇能让人读后如吃橄榄,老咂着那味儿的随笔,它让我在时间的流转中瞥见了真的人生。(由"面"到"点",细写一篇的阅读感悟。)

　　对于时间,世人大多习惯于拖延,去放纵自己,告诉自己还有时间,等到明天再做也不迟,却不知渐渐地他们已浪费了多少时间,多少光阴。"渐渐"一词,诚如丰子恺老先生所言,是在隐蔽时间,让那些自欺的人误以为其恒久不变,好去享受他们自以为美好的事物。

　　有些人,沉迷于游戏,整日浑浑噩噩,不知学习,只道自己还有很长的时间,却不知渐渐地,他们和其他人的差距越来越大,已不是那些所谓的时间可以去弥补的了,或者说渐渐地,他们已失去了那份心,而那所谓的还有很长时间其实只是一种自欺欺人。当他们真的醒悟过来时,已失去了自己的大好时光,真是黑发不知勤学早,白首方悔读书迟!

时间是公平的,也是残酷的,它不会为任何人停下,只是不停地走着走着,决然地走着,留下那残忍的痕迹让人独自舔舐……

还有一些人,他们没有荒废时间,他们很勤劳,不论刮风下雨,总会在田地里看到他们的身影,而渐渐地,他们脸上布满了皱纹,那原本黑亮的头发变成了银丝,背也弓了起来,子孙多了几代,任人怎么劝也不听,他们还如以往一样辛勤地耕种着,只是渐渐地,当他们蹲下的那一刹那,腰扭了,没做多久,身子就累了。其实他们又何尝不知他们以为的恒久不变只是一种自我安慰,他们仍那样做,只是为了证明自己的存在、自己的价值。(将勤劳的老农与上文写的沉迷于游戏不知学习的人对比,突出"渐"之魔力。)

"渐"是时光的使者,也是它的行刑者,它凌迟着人,一刀一刀,虽不会很痛,但那刀刀加起来,却是一种无尽的痛。而想要不接受这种残忍的刑罚就得当个有大人格、大人生的人,(两个"大"是简练而深刻的概括。)因为只有这样的人才能不为"渐"所迷,不为造物所欺。

但这又何尝容易? 短时间内,人们也许能做得到明达、谦让、平和,不计较得失,时间久了,就很少有人能坚持。

因此,我们要从小培养,要用大世界观去面对世界,学会客观地把握人生,做一个有大人格、大人生的人,以明达宽容之心待人接物,呼吁社会的谦让与平和!

点 评

丰子恺散文味如橄榄,渐嚼渐知味。本文作者选取《丰子恺散文》中的一篇《渐》,联系现实生活中常见的两类人——沉迷于游戏不知学习的学生、身体累垮而不肯歇息的老农,加以分析,呼吁人们做有大人格、大人生的人,很有教育意义。

流年琐阅

——那些年我的阅读记忆

◆学校:嘉兴市运河实验学校　◆作者:陆　静　◆指导老师:桂　林

　　王小波说:"人光有此生此世是不够的,还应该拥有一个诗意的世界。"你来,或不来,书就在这里,静默等待你启页。

——题记

　　在那扎着冲天麻花辫的年纪,我总是习惯性地带着一本古诗集,出行时在一众同龄人和大人艳羡与欣慰的目光中,用稚嫩的童音吟诵着一首首诗篇。("习惯性""出行"等词写出了作者孩提时代吟诵古诗的生动情景。)那时,似乎没有"装"这个词。

　　记得某次游玩西湖,正逢阴雨。当我正吟诵着苏轼的《饮湖上初晴后雨》时,抬头望见一片水墨绿缎,凝神细听淅沥雨声,似飞花逐梦,越过绿荫杨,越过白沙堤,荡漾出柔柔的平水,淡淡的远山,漫卷西子化不开的笑颜。(通过视觉、听觉、触觉等多种感官,将西湖的妩媚与淡雅活灵活现地展现在读者眼前。)我痴痴地望着如此妩媚多姿的西湖,震撼于她缥缈的美丽,倾情于诗词中的清雅灵动。自此,我每每阅读古诗篇时,便会在脑海中勾勒出一幅绝美画卷。

　　再大些,我的阅读就不仅仅是吟诵了。我仿佛看到了诗仙太白的剪影,"酒入豪肠,七分酿成了月光,余下的三分啸成剑气,绣口一吐就半个盛唐"。他只需吟出"云想衣裳花想容"这样的华美诗句,便可享有"国舅磨墨,力士脱靴"的殊荣。当他面对官场的尔虞我诈、勾心斗角,任意畅写:"安能摧眉折腰事权贵!"抱着"明朝散发弄扁舟"的胸怀,登高望月,对酒当歌,在明月下,他对影成三人。

　　我看到,在青海湖氤氲的夜雾中,仓央嘉措的背影渐行渐远。六世达赖喇嘛的光环遮盖了他跃跃欲试的梦想，红黄袈裟的夺目黯淡了他那颗放荡不羁的心。他眷恋尘俗，满腹才情，即使使命的担子压得梦想的种子无法生长，他也仍能坚守初心，抛弃名利和虚假，以六十六首绝美的情诗向世人证明了他不羁的才华。他的梦想得以恣意绽放，绚烂至极，将他的世界映得灿烂唯美。（赞美仓央嘉措不羁的心灵和绝世的才华，用词精当。）

年轮一圈圈增长，我捧上了外国名著。《挪威的森林》里，真子的恐惧、摸索，让我感同身受。真子离去后，渡边的悲伤让我心如刀绞，而绿子温柔的陪伴更让我唏嘘不已。但我相信，时光能改变很多事情，那些以为自己永远忘不掉的人和事，如今已能笑谈，而那些终将会铭记于心的故事，依然在生命的长河中源远流长。

我开始翻阅余秋雨先生的《文化苦旅》。只匆匆几眼，我便能听到心灵渴望的呐喊。那样沉淀着时光与岁月的文字，引发了我对文化本身的深思。苏东坡的出逃，清逸的背影里隐含着多少官场失意的伤痛，令我理解淡泊；道士塔的风霜，贪婪无知的王道士所做的愚蠢举动让我深思人性。

书，能帮你塑造一个完整的人格，助你在有限的人生旅途中，赏遍流年，看尽繁花；让你用包容的姿态，拥抱这个不完美的世界。（写书本给人带来的诸多益处。）

所以，别忘了留一个位置给你最喜爱的那本书。灯下静坐的我，不是过客，是归人。

点 评

作者陆静是个爱书之人。这篇读后感写得别具特色，它不是对某一本书的感受，而是以时间为序，回忆这些年来所阅之书所读之人带给她的享受。从扎着冲天麻花辫的年纪吟诵古诗开始，到游赏西湖对景忆诗，从李太白到仓央嘉措，从《挪威的森林》到《文化苦旅》，正如作者题目所概括的那样——流年琐阅，赏遍流年，看尽繁花。

若能目送，便是幸

——读《目送》有感

◆学校:嘉兴市洪兴实验学校　◆作者:余　欢　◆指导老师:谢海燕

　　《目送》是一本记录了龙应台生活的点点滴滴的散文集。在这本书中,她用优美的语言记录了自己作为一个母亲在对待日益成长的孩子时所遭遇的一些小困难及挫折。《目送》的七十三篇散文,"写父亲的逝、母亲的老、儿子的离、朋友的牵挂、兄弟的携手共进,写失败和脆弱、失落和放手,写缠绵不舍和决然的虚无。她写尽了幽微,如烛光冷照山壁"。她用那最细腻柔软的笔触,叩击到人内心最深处。(概括《目送》一书的内容及其特点。)

　　面对孩子,优雅知性的她和所有母亲一样,不免会有许多困惑。《目送》中的《母亲节》,我原以为是一个感人的小故事,没想到从安德烈发来的一封电子邮件,看出了母亲的唠叨、无奈,从而读出作者心中无从说起的寂寞。

　　还有一篇令我感触良多的是《幸福》。幸福是什么? 幸福就是,寻常的人儿依旧。在晚餐的灯下,一样的人坐在一样的位子上,讲一样的话题。年少的仍旧叽叽喳喳谈自己的学校,年老的仍旧唠唠叨叨谈自己的假牙。厨房里一样传来煎鱼的香味,客厅里一样响着聒噪的电视新闻。幸福就是,早上挥手说"再见"的人,晚上又回来了,书包丢在同一个角落,臭球鞋塞在同一张椅下。幸福就是,头发白了,背已驼了,用放大镜艰辛读报的人,还能自己走到街角买两副烧饼油条回头叫你起床。幸福就是,平常没空见面的人,一接到你午夜仓皇的电话,什么都不问,人已经出现在你的门口,带来一个手电筒。幸福就是,在一个寻寻常常的下午,和你同在一个城市里的人来电话平淡问道,我们正要去买菜,要不要帮你带鸡蛋牛奶? 你的冰箱空了吗? 这就是幸福啊,简简单单的幸福。(《幸福》一文引起了读者的共鸣,罗列生活中的种种情景,感悟简简单单的幸福。)

龙应台在书中也写到了战争的残酷、贫穷的无奈，写自己一日日生活中，渐渐暗淡下来的激情和慢慢平和的心，自己曾经相信或不相信的东西。她虽是最犀利的一支笔，但也有温情的一面。

有些事啊，只能一个人做。有些关啊，只能一个人过。有些路啊，只能一个人走。

路上，我无意间看到一对母女，母亲想牵女儿的手，而女儿却拒绝了，快步走开，母亲身躯一颤，眼里掩不住的失落。目送她们的背影远去，我不由得思绪翻飞。

不知从何时开始，我也像那个孩子一般，对父母的关心不屑一顾，甚至觉得他们好烦。一件外衣是"不要，拿走"，或是"哎呀，太丑了，换一件"，抑或是"不要你们管，我自己会穿"。一碗饭菜是"太难吃了，端走"，或是"不好吃，我不吃了"。对于父母一句关心的话、一个关切的眼神，都会认为太多事了。（联系自己对待父母的态度，涌起后悔之心。）

也不知从什么时候开始，那个追着父母不肯离开，父母一走便会哭泣的孩子渐渐远去。渐渐清晰的是一个人独自待在房间里，一待便是一天，不再是那个在饰品店拿着两个幼稚的小发夹为做不出决定而苦恼的人，而是习惯了独自抉择。不再是那个一受伤便扑在父母怀里大声哭泣寻找安慰的孩子，而是开始习惯一个人站起，一个人独自承受。

《目送》中，龙应台写到很多与父亲母亲之间细腻的情感交谈，她总会很耐心地回答问题，而不是像我们一样，没回答几个问题便觉得心烦。

龙应台的文字，时而忧伤，时而锋利，时而朴实，时而温婉。

"我慢慢地、慢慢地了解到，所谓父女母子一场，只不过意味着，你和他的缘分就是今生今世不断地在目送他的背影渐行渐远。你站立在小路的这一端，看着他逐渐消失在小路转弯的地方，而且，他用背影默默告诉你：不必追。"

书名《目送》，目送亲人远去，目送时间流逝，目送历史苍茫……（三个目送，由亲人到时间到历史，层层荡开，提升境界。）

点 评

《目送》之所以魅力四射，在于其中的文字直指心灵，让人们在日益迟钝的生活感觉中突然惊醒,照亮心灵,令人如醍醐灌顶。这篇读后感写的就是这种感觉,不管是《母亲节》中的寂寞还是《幸福》中的温馨,不管是《目送》中的背影还是《相信》中的哲思,引人共鸣,发人深思,一言以蔽之:写尽了幽微。

悦读锦囊

不论学者们对一本书的评价如何,纵然他们众口一致地加以称赞,如果它不能引起你的兴趣,对你而言,仍然毫无作用。别忘了批评家也会犯错误,批评史上许多大错往往出自著名批评家之手。你正在阅读的书,对于你的意义,只有你自己才是最好的裁判。

——毛　姆

向死而生，宁静致美
——读《史铁生作品精选》有感

◆学校：嘉兴市实验初级中学　◆作者：徐克凡　◆指导老师：叶凤玲

二十一岁那年，他住进了友谊医院。原先以为自己十天半个月就能出院，没有实现；后来降低期望值，希望半年就能痊愈，还是没有实现；再后来，只希望自己只是脊椎里长了个瘤子，哪怕是恶性的也罢。然而，命运跟他开起了玩笑，直接在那条娇嫩的脊髓上做了手脚！双腿瘫痪！他只能终身与轮椅为伴。他灰心过，曾想活着还有什么意思，无数次动过自杀的念头，甚至在病房里藏了一圈电线，打算一有机会就结束自己的生命。（概括叙述史铁生对待病魔的心路历程，真实得让人痛心。）

"正是晌午，病房里除了病人的微鼾，便是护士们轻极了的脚步，满目洁白，阳光中飘浮着药水的味道。这是一场生死之间的决斗，重症监护室，就像是一个中点，向右走一步，是通往生的道路，向左走一步，就是与家人的永别了。"读到这，我有一种冲动：上帝啊，你就成全他，让他痛快地走吧！他实在太可怜了！

然而，上帝并没有垂听我的祈求，也没有接受他的要求——在医生的合力救治下，他活下来了。

母亲到处去借书，希望他能转移内心的痛苦；朋友们一拨又一拨地来，软硬兼施要他活下去；医生跟他说，人只要活一天就不能白活！

"先别去死，再试着活一活看。"（"再试着活一活看"，让人感受到生命的痛楚与执着。）为了努力寻找生命的意义，他拿起了笔。开始的时候，他急于求成，孤注一掷，然而，他并没有得到现实的怜悯和馈赠。灵感迟迟不来，投稿如石沉大海。

百无聊赖中，他摇着轮椅到了地坛。地坛，是一座废弃的古园。"在人口密集的城市里，有这样一个宁静的去处，像是上帝的苦心安排。"或许，在这个"最狂妄的年纪"时残了双腿，需要有一个安静的地方，做自己喜欢做的事，安静一下自己烦躁的情绪，"人有时候只想独自静静地待一会，悲伤也成享受"。这才是真正的好去处。日复一日，年复一年，不管风吹日晒，他总在地坛。抬头看天，看到了天的浩大与无言；他观察人们，揣摩着关于他们的悲欢离合；他躺着，聆听沙沙的风声、呢喃的虫声……不断地摇着轮椅去地坛，他渐渐褪去了焦躁、愤怒和绝望，收获了心灵的宁静与快乐，心灵渐渐得到了净化和升华。(地坛成了史铁生悟道的地方，他在这里获得了心灵的净化和升华，这些评价非常恰当。)

"职业是生病，业余在写作。"他这样调侃自己。他与写作为伴，从失落绝望中重新燃起希望。

"人的命就像这琴弦，拉紧了才能弹好，弹好了就够了。"他借《命若琴弦》中老瞎子之口，道出生命只有经历苦境，才有可能出彩的道理。

"人有一种坏习惯，记得住倒霉，记不住走运，这实在有失厚道。"他实在越来越豁达乐观了，还认为自己够"走运"。

他的文字是"静"，让自己的亲身体验转变为文字，让它们始终保持着一种独特的静谧。他的文字，就像一杯清茶，冲走了茶叶，嘴里却还有茶的清香；就像是初升的太阳，给人们带来新的希望；又像是冬日里的暖阳，温暖人心。

他的文字又是那般的"活跃"，字里行间透露出的是那颗活泼的心跳动时所喷发出的力量，他用笔抗争命运，抗争现实。(评价史铁生的文字，兼有"静"与"活跃"两种特点。)

史铁生说："生命就是这样一个过程，一个不断超越自身局限的过程，这就是命运，任何人都是一样，在这过程中，我们遭遇痛苦、超越局限，从而感受幸福。"

向死而生，他超越了死亡、磨难、委屈、愤怒以及一切的挣扎，他的心沉静下来，沉淀哲思、睿智以及无所畏惧的勇气。

合上书本，我看到了他那张黑白的照片。他微笑着，仿佛苦痛并没有留下伤痕。(前面文字所呈现的史铁生的病痛，与这张没有留下痛苦伤痕的黑白照片形成鲜明对比。)

点评

《史铁生作品精选》无疑是一本经得起时间冲刷的书，因为这里有对生命真切深刻的体验和思考。徐克凡同学在阅读此书之后所写的这篇读后感,在构思上有独特之处:以史铁生的生命行进和对生死感悟的加深为序,精选作品集中的部分内容,展现作家史铁生的心路历程,这个过程是一个向死而生的过程,在这个过程中,心灵因获得升华而宁静致美。因而,作者将这篇读后感取名为《向死而生,宁静致美》,非常贴切。

悦读锦囊

　　读书时不可存心诘难作者,不可尽信书上所言,亦不可只为寻章摘句,而应推敲细思。书有可浅尝者,有可吞食者,少数则须咀嚼消化,换言之,有只需读其部分者,有只需大体涉猎者,少数则须全读,读时须全神贯注孜孜不倦。书亦可请人代读,取其所作摘要,但只限题材较次或价值不高者,否则书经提炼犹如水经蒸馏,味同嚼蜡矣。

——培　根

浮生若梦

——读《朝花夕拾》有感

◆学校:海宁市南苑中学　◆作者:吴亦凡　◆指导老师:赵　燕

朝花夕拾,捡到的是枯萎。

——题记

　　初次捧起鲁迅先生的《朝花夕拾》是在四年前。那时的哥哥也是我现在这般年纪,学成之后搬出了我家,留下了这本旧书。(交代接触《朝花夕拾》一书的始末。)

　　这本书对于那时的我来说只是消磨时间的工具。咬文嚼字,并不觉得多么有趣。毕竟年幼,尝不出里面有多少滋味,只是每晚睡前开一盏幽暗的小灯,喝着一碗温开水,枕着几只兔儿枕,没几夜便看完了。当时纳闷的是:怎么我们这里冬天从不曾下书里那样大的雪?

　　上学前,我一直住在乡下的老宅里,也算得上近山傍水,旁边便是大片大片的林地,小时候管那儿的果子叫"乌嘟",一小串一小串小葡萄似的,许久许久之后才知道这叫桑葚。依着后面的小河有一片青嫩的竹林,与河水相映生辉。(一本书唤醒了作者的童年生活记忆。)

　　如此田园美景我却是不常见,大人不在,我便被锁在家里,闲来无事的我常常会去屋顶掀最高处的瓦,或是去够秋枣暗红的枝,并不觉得多么危险,只是觉得有趣。不过最多的还是趴在窗台上,望着无边的小路,想象着路的远方——我的未来。

　　二读《朝花夕拾》是在学到那篇《少年闰土》之后,又是晚上喝着温开水,不过一夜便看完了。我更纳罕了。

这"隐鼠"我怎听也不曾听说？先生的故事莫不是编出来的？写那些老鼠猫又做甚？最让我惊异的还是那买"三哼经"的长妈妈。

那时我们搬来街上很久了，底楼也住着个"长妈妈"，所有人都这么叫，连我奶奶也是。这名字并没有什么典故，只是因为她长，身材不臃肿，且背极挺而高。她极喜欢摆弄花草，底楼的花坛被她修整得精致而美丽，那无花果树也像她那般修长而笔直。她为人极好，我们老小区里几乎每一个人都认识她，散步都是一路被问候着过去。（抓住人物特点，用白描手法勾勒，人物形象跃然纸上。）

但我却总是很怕遇见她，遇见也只是打一声招呼就匆匆走了。她见了小孩总喜欢用土话问长问短，语气很冲，像是在和你吵架，我每次都用我那生硬的土话一个个地搪塞过去。

三读《朝花夕拾》是这个暑假。终于能够读懂先生刻在文字里的追忆与怀念，却也是更加迷茫和疑惑了。

升入初中眨眼也一年了，又像是回到了那个小升初的暑假，空气中弥漫的不知是燥热还是馨香。（感觉细腻而真切。）旧邻居搬走后，很快，我们又有了新邻居。不同于之前连脸都记不起来的阿姨，这次搬来了比我大一岁的姐姐一家。

记得小学时我几乎天天到姐姐家玩。那时升上初一的她总是有做不完的作业，而早早做完作业的我也帮着她做一些琐事。我常常抱怨她不能陪我玩，姐姐却总是说："等你上初一就知道了。"当时暗自想，自己一定是那个最不认真的，现在想起，却是笑了笑自己。

比起小学的轻松和放纵懒散，初中的快节奏和巨大的竞争压力迫使我不得不成为记忆里那个不可能的自己。下了课便是埋头写作业，做完作业又是吭哧吭哧预习，预习完了又是摇头晃脑地背书，学习似乎成了生活中无法抹去的痕迹和色彩，有伤痕，也有缤纷。回过头发现自己竟是这样的认真，像是一个完全陌生的自己。

蓦然回首，感怀过去的一幕幕，一人一物，却是恍若隔世，像是沉浮在记忆中的一叶孤舟。

人生常常如梦。看似迷茫而无所适从，实则在于你的内心。

人生常常如戏。无从知晓的剧本，无人知晓的结局，却只取决于这戏的主角——你。（将人生比作梦和戏，突出小作者对人生的感悟。）

想来那个留下这本书的人也该上大学了，不知他是否还记得留在这里的属于他的曾经。朝花夕拾。那些过去记忆中如晨曦下之花般美好的事物，却常常是在垂暮之年被拾起。遗忘,摒弃,选择,和那些痛苦的记忆,只能枯萎在这浮生若梦中。

点 评

作者以时间为序,围绕《朝花夕拾》一书,从初读到二读到三读,一路写来,展现了作者的成长历程。初读《朝花夕拾》,作者关注的是文中的景;二读《朝花夕拾》,作者关注的是书中的人;三读《朝花夕拾》,作者感悟书中的情和理。这样层层深入,很有章法。

悦读锦囊

青年时期当然也是读书的好时光,但面对着浩如烟海的书,如何选择,也是一大难题。比较常见的说法是读经典,这当然是对的,但也不妨做些另类的尝试,那就是,少读一些经典,多读一些很少有人读过的冷门书,甚至稀奇古怪的书,这对于从事文学创作的人,也许更有用处。

——莫 言

撑起一片无畏的蓝天

——读《战马》有感

◆学校:海盐县实验中学　◆作者:高艾楠　◆指导老师:徐丹琴

它已在终点,而我却还在路上……(题记运用对比手法,含蓄地概括了这篇读后感的主旨。)

——题记

我曾经幻想过:我拥有一匹上好的纯种马,一对三角形的小耳朵高高耸立在脑门上,红棕色的鬃毛迎风飘扬,长长的尾巴像被浸过了油一样发亮。我骑在它的背上,细细抚摸着它的毛发。风呼呼地吹着,我与它形影不离,相依相伴。它如气势磅礴的将军,热血沸腾着,迈开健硕的四肢,昂起骄傲的头颅,无畏地奔跑着。我拉住缰绳,一阵气魄雄浑的嘶鸣直冲天际,震耳欲聋。夕阳西下,柔和的余晖让它的身上仿佛镀了一层黄金,它的速度减慢了,缓缓移动着。朴实的汗水只挥洒在这一片属于它的无垠草原上。(这一段对战马的描写,从外形到声音,从动态到神韵,极为生动。)可是,幻想之后,还剩下什么呢? 战争过后,生活还能一如既往吗?

《战马》是一个关于友谊、勇敢、坚韧的故事,一部讲述人马奇缘、闪耀人性光辉的温情之作。在一次乡村集市上,艾伯特的父亲因为喝醉酒赌气,而买下了这匹细长瘦弱、半纯种的小马驹乔伊。或许是缘分,第一次见到艾伯特的小马就对他有了信赖与一定的好感。乔伊与疼爱它的男孩艾伯特一起劳作、玩耍、成长,人马之间建立了相知相惜、如亲人一般无坚不摧的深厚情谊。但随着第一次世界大战爆发,艾伯特的父亲为了维持家计,迫不得已,只好将乔伊卖给了骑兵队,离开主人的乔伊随着骑兵队辗转,前往法国进入战区,为前线运送军火物资。途中,它历经艰难困苦,长途跋涉,面对坎坷与磨难,总是不屈不挠、坚强、勇敢、积极乐观地生活。在这段颠沛流离的过程中,乔伊更换了多个主人,从英国上尉,到德国士兵,再到法国农民,以及一个美丽的小女孩。最终,战争结束了,英国军队要对剩余的马匹进行拍卖,当初的那个小女孩的爷爷将乔伊买下后赠予艾伯特,乔伊终于回到了农场,回到了属于自己的家。

人与人之间最痛苦的莫过于生死离别。人与动物何尝不是这样?乔伊从小与艾伯特一同生活,一起耕作,互相倾听。得知乔伊要离开的消息,艾伯特很悲伤,多少个小时,多少个日夜,多少年,他们都是共同度过、共同承担、共同证明的。他知道,他不能自私,不能为了自己而忘记了乔伊有着战马的使命!艾伯特下定决心:长大后,他也要去部队当兵,骑上专属于自己的战马,保卫国家。

马,一种在中国有着悠久历史的动物,拥有着惊人的头脑和记忆力。在人类社会中,马有着举足轻重的位置。早在古代,凡是要与他国交战,每支队伍中绝对会有马匹相随。它不仅是一种交通工具,更是运输粮食和装载货物的首选。它们勇敢、忠诚,能将敌人践踏于马蹄之下;它们成熟、稳重,可以护送主人到达安全地带;它们坚韧、执着,即使已知前方必定会有磨难,也仍旧遵循着自己坚强的意志,勇往直前,不屈不挠。它们,撑起了属于自己的无畏蓝天!

作家毕淑敏曾经写过:"友谊有的时候是那样脆弱,一句不经意的言辞,就会使大厦顷刻倒塌。"但人与动物之间的友谊却恰恰反驳了这种说法。正如乔伊与艾伯特,他俩情同手足。累了,艾伯特细心梳理乔伊身上已被汗水浸湿的毛发;困了,艾伯特就摸摸乔伊两眼之间那块白色的胎记;渴了,艾伯特便倒来充足的水让乔伊喝个畅淋漓。(连续三个排比句,有气势,突出艾伯特和乔伊的深厚情谊。)这不就是最好的证明吗?

在刚刚落下帷幕的里约奥运会上,最夺人眼球的莫过于这次的女排大战了。看中国女排与巴西队和塞尔维亚队的比赛就像是在看一部好莱坞大片,精彩纷呈,跌宕起伏,悬念迭起,惊心动魄。中国队最后不负众望,斩获金牌。可谁又曾想过,这次的辉煌是用什么换来的?我想说,是靠时间、信念、渴望、坚持搏来的。几度风雨几度晴?十二年后再夺金!没有人能说清她们流过多少眼泪,洒过多少汗水,有过多少辛酸感叹。日复一日,年复一年,她们犹如一朵朵木棉花,外表火热,内心娇柔,呈现出一种精彩绝伦、肆无忌惮的美。她们宛若一只只雄鹰,展开羽翼,翱翔于属于自己的海阔天空。她们咬紧牙关,不屈不挠;她们勇敢无畏,热情似火;她们曾屡遭质疑却从未说过放弃。总有一种力量让我们泪流满面,总有一种力量让我们刻骨铭心。在竞技体育赛场上,没有一场胜利是唾手可得的,没有一个冠军是不经历风雨的。中国女排实现了凤凰涅槃,浴火重生。"黄沙百战穿金甲,不破楼兰终不还"的这种气概、这种魄力,不正是女排精神的真实写照吗?她们,扛起了属于自己的勇敢蓝天!

每个人的成长都需要一定的过程,我也毫不例外。小时候的我害怕困难,害怕前路的茫然。那时候,天真的我以为未来的道路必定是一帆风顺、平平坦坦的,以为前方的道路必定是父母提前铺设好的。可是一次次的失败与磨难,击打着我的内心,我尝尽了失败的滋味。我的双眼就像两汪清泉,时不时地有泉水涌出。但面对新鲜的事物,我总是与其他孩子一样,有着同样的好奇心。

记得有一次,我们一家准备一起到草坪上晒晒太阳。正值春天,柔柔的风就像绣女精心绣好的丝巾,抚摸着我的脸颊。天空净得彻底,不带一丝污垢,像是一面完好无损的镜子,所有的事物在蓝天的映衬下,都变得那么纯洁、淡雅。太阳公公是个老顽童,和孩子们玩躲猫猫。被发现了! 只见它慢悠悠、懒洋洋地从房屋的后面探出脑袋。这时,一个模糊不清的黑色东西朝我移来。我觉得新奇,便往前走去,隐隐约约能看见紫色的轮廓。近了,更近了,它的羽翼如雄鹰一般有力,有着剪刀似的尾巴,身穿帅气的燕尾服,酷极了! 原来,那是风筝! 我远远地观望着,可是内心却是无比激动,非常想去试一下。我的眼睛里流露出渴望的目光,爸爸看着我,悄悄买来了一个样式差不多的白色风筝,这让我喜出望外。他解开绳子,组装好各个部件。长长的风筝线细如头发丝,却白如雪花。爸爸拉着绳子叫我拿正风筝前面的支架,朝着有风的地方奔跑。我拿着风筝想尝试一下,但内心还是有一些小犹豫。"姐姐,加快点儿,你可以的!"妹妹跃跃欲试,蹦蹦跳跳的,站在一旁为我加油鼓劲。对! 我一定能行。我拉着风筝,感受着风的方向,竭力往前奔跑着,就像运动员参加百米比赛时那样,咬着牙,感受着风的速度。风筝飞起来了! 我激动得就像心里揣了只活蹦乱跳的小兔子。原本那风筝和我差不多高,渐渐地,和爸爸一样高,接着,就像高大的百年老树那般高了。蔚蓝的天空中不知何时飘来了几团棉花似的白云,似乎在夸奖我敢于尝试的精神。我望着天上的风筝,好像自己也和它一样翱翔在天空中,想着:要是我能每天像风筝那样,总是自由自在,不受约束,该有多好! 风筝远远地飞着,与风同行,我的心也被一种奇妙的东西包围着,感到无比的释然、莫名的勇敢,风筝继续飞着,直到消失在我的视线里……我,撑起了属于自己的无畏蓝天!(多次点题,表达了作者撑起无畏蓝天的强烈愿望。)

现在的我，坐在电脑面前，仍旧回味着那不受拘束、自由自在的味道；依旧崇尚、敬仰着战马，并从中获得勇敢与英雄气概。或许，只有勇于尝试的人才能感受到真正的幸福；或许，只有坚韧不拔的人才能驱逐黑暗；更或许，只有骨子里流淌着热血的人才是无畏的骑士。

硝烟已散，马鬃飞扬，夕阳西下，等候归人。我知道，我或许没有马儿那般坚毅；我明白，我或许没有马儿那般忠诚；我自知，我或许没有马儿那般勇敢。但我不会懦弱，不会放弃，不会害怕，我会勇往直前。我相信，不久后，我会撑起一片无畏的蓝天！

点 评

这篇读后感，从一匹战马写起，写到里约奥运会中国女排的勇敢坚韧，写到自己尝试放风筝的事情，表达自己勇往直前，不懦弱、不放弃、不害怕的不屈精神，扣住了"无畏的蓝天"这一题目，书本内容和现实生活结合紧密，文笔生动，这对于一个刚上初中的同学来说是难能可贵的。当然，读后感内容还可以写得再集中一些，比如战马和人的友谊这部分内容可略写，这样文章主题会更鲜明突出。

踮起脚尖触摸天空
——读《等一朵花盛开》有感

◆ 学校:海盐县博才实验学校　◆ 作者:葛嘉芊　◆ 指导老师:耿丽娟

幸福是什么呢？幸福就像等待一朵花盛开,无比地珍惜和爱护着它,等待它的花期,等待它的开放。(用设问句和比喻开头,形象地写出幸福的内涵。)

轻叩一扇门

生活中,有许许多多的门:自然之门、心灵之门、理想之门、幸福之门……每一扇门里都藏着美丽。我轻轻叩开一扇扇门,细细地赏。叩开一条山涧的门:这条山涧就是一条通往人间的路,我走进了山涧,藤蔓和花朵都不告诉我它们的名字,却抢夺了我的钟情。它们不仅把根扎在狭窄的岩壁缝隙里,还霸道地把根扎进了我的心岩中。叩开一片天空的门:天空看似很满,其实很空;天空看似空洞,其实包含无尽的内容。叩开一季春天的门:春天的心里其实很痒。小草从地里冒出来,土壤一定痒痒的;嫩芽从树枝里爆出来,树皮也一定痒痒的;连第一脉春水从石板上流过,石板都定是痒痒的。叩开一扇幸福的门:幸福是一种感觉,每个人的幸福只有自己知道。别人以为的幸福,不一定是真幸福;别人以为不幸福的,不一定真不幸福。叶子从树枝上冒出来,树枝一定是幸福的;流星从夜空划过,夜空一定是幸福的;流泉从石板上流过,石板也一定是幸福的。(叩开山涧的门、天空的门、春天的门,引出叩开幸福的门,语言形象。)

享受一缕香

香，其实是一种语言，表情生动而含蓄；香，其实是一阵风，走在徐徐伸展的阳光里。

槐花的一缕香：槐花是一堆怎样的絮语，娓娓倾吐，表情生动而含蓄，风在耳朵里搅闹，鸟啼从瓦楞上滚离，一茬一茬的香，密集地淌过细雨。一种植物，当它与你的灵魂相接的时候，它所有的味道都只是一种味道，那就是——爱的味道。

生活的一缕香：一片叶子离眼睛太近，就看不到它的纹理；一朵花离鼻尖太近，就闻不到它的清香。生活也是这样，若离生活太近，就看不到生活的秉性，看不到生活的质地。若把叶子拿开，与眼睛保持一定的距离，就可以看清它的脉络、通透与美丽；若把花放在一定的距离，不仅可以闻到它的香气，还可以感受它的雅致与清幽。若我们离生活远点，就会发现自然之美、闲适之美、雅趣之美、友情之美……

幸福的羽翼

幸福在青春里，幸福在梦幻里，幸福在一日一日的生活中，幸福在无处不在的风景里，幸福长着一双识路的羽翼，它会飞，飞到你领悟生活的禅机和品味生活的神经里。青春是幸福的，青春是用来生长翅膀的！要想飞得高，飞得远，你得努力，你得千方百计让自己的翅膀更大更强，更结实更有力！勤奋是生长翅膀的养料，刻苦是生长翅膀的养料，自觉自律是生长翅膀的养料，积极向上的精神是生长翅膀的养料……有了翅膀，才能像雄鹰一样在广阔的蓝天翱翔；有了强壮的翅膀，才能展翅奋飞在理想的高空，超越风雨，奔向彩虹！有了翅膀，就有了明天！有了翅膀，就有了未来！幸福是简单的，简单到给自己铺一床刚晒过的被子，嗅着阳光的味道入眠，就仿佛拥有了整个春天！（作者很喜欢用排比句，在这一段中体现得特别明显，当然也要用得恰当。）

行吟在路上

每一条路都通往一个心愿，每一个心愿，都连着不浅的缘。有什么样的心，就有什么样的太阳和月亮,守住了本真,就守住了最好的时光。("本真"一词点出了幸福的奥秘。)

撑起一片天空的女孩,她很爱笑,她笑起来很甜,很美,很温暖。她就像一个小太阳,把暖暖的阳光洒在别人心底,有她在的地方就有蓝天。她在雨天时爱撑一把伞,一把上面画有蓝天的伞,她在雨天亦会撑起一片天空,她在我心中也撑起了一片天空。

踮起脚尖去触摸天空,踮起脚尖去触摸幸福。

点 评

这心灵鸡汤般的散文小集子是不少女孩子的挚爱,本文作者也是这样的女孩子,只不过这女孩敏感细腻、热爱写作。你看,作者一开头就说"幸福就像等待一朵花盛开",读懂了《等一朵花盛开》的含义。然后作者从"轻叩一扇门"、"享受一缕香"、"幸福的羽翼"、"行吟在路上"四个方面写对幸福的理解和追求,并形象地把这一过程写成"踮起脚尖去触摸天空,踮起脚尖去触摸幸福"。而在这不断触摸的过程中,她获得了成长。

请来"烦"我

——读《妈妈请你原谅我》有感

◆学校:海盐县博才实验学校　◆作者:王蕙蓓　◆指导老师:耿丽娟

　　"别来烦我,快出去!"我奋笔疾书,皱着眉头赶走了又一次前来关心我的妈妈。(*"又一次"体现了母亲对"我"关爱的程度,与"我"的不耐烦形成鲜明对比。*)

　　我似乎感到她极短暂地顿了顿,轻轻应了一声,便快速走出房间,小心地关上了浅棕色的木门。我那本来写得很快速的手,不知为什么一下子软了。

　　这是第几次了?我又后悔把她像赶鸭子一样地赶走了。我不禁困惑内疚起来。(*作者的情感在变化,从前面的不耐烦到这时的"后悔"。*)

　　这使得我再一次想起了那本书——《妈妈请你原谅我》。那是挺久以前看的书了,书中的主人公陆丹丹简直跟我太像了——不是其他的相似,而是我们对于母爱都不懂得珍惜。陆丹丹是个只有妈妈的"单翼天使",妈妈对她的要求很严格,因此陆丹丹对于妈妈也很不理解,母女关系有些疏远,直到妈妈找来一个于叔叔,并要把他带进家门。陆丹丹一直行为叛逆,跟妈妈处处作对。每次我读到她和妈妈作对的片段,心中总会有莫名的熟悉感——那简直就是我的影子。不过,陆丹丹最终被鱼儿姐姐教育,和妈妈、于叔叔之间的关系变得融洽了。(*能让自己的生活经验和书本产生联系,是因为那份产生共鸣的"熟悉感"。*)

　　我曾经把这本书读过好几遍。我总觉得陆丹丹和我对妈妈的态度是那么那么像。每次读完,心里总有一种似乎释放的快感——为那圆满的结局,却也感到很内疚——为我自己。即便内疚,可当面对妈妈的时候,那叛逆的野性又冲破了温柔的封印。每一次都是我无理取闹,然后妈妈默默承受,很少跟我计较。而每当那个时候,虽然嘴上逞强,很痛快,但只要妈妈一走,我就会后悔不已。这是为什么呢?我总也想不明白。有时,我会为此而迷茫,于是回忆的碎片又被我从心灵的山谷一点点捡起、拼凑……

还记得我们也有很融洽的时候。很多次，在饭桌上的时候，妈妈都会这么跟我说："答应妈妈，以后不要叛逆，好吗?"而我,总是像蚊子一样轻声回答："嗯。"

那毕竟是快乐的时候。之后的一次次反复顶撞、埋怨，都在说明我对妈妈的承诺并不真诚。我明明答应了她，但日子一天天过去，我的心也越来越激荡，对于妈妈的关心，我总觉得很不耐烦，怎么也控制不住自己。或许，我真的需要一个像陆丹丹那样转变的契机。但那个契机到底是什么呢?

我百无聊赖之中翻出了一张妈妈两三年前的照片。我不由得惊讶了。那时候妈妈皮肤白皙，看起来很年轻，和现在对比起来，虽然没有太多的变化，可是明显衰老了。不仅仅是外表，内心似乎也衰老了许多。我知道这几年来她工作上一直不太顺心，但也许还有另一个原因——我。

我到底让她伤心过多少回呢?

那个改变我的契机，一定是我自己。我不能再辜负妈妈的爱了。

我突然想起以前语文老师告诉过我们的一句话："树欲静而风不止，子欲养而亲不待。"一切从现在开始，或许还为时不晚。没错，契机就是我自己。我需要好好地、深深地思索一下。我不能再让自己后悔了。我不能让"子欲养而亲不待"的悲剧发生在我身上。或许这么说显得太沉重、太遥远了，但光阴匆匆，我们长大，父母便要老去，还有多少时间留给我们盲目叛逆? 叛逆，大概含有一些无知的成分。我是可以改变这一点的。只要从青春懵懂的冬眠中快快清醒，就能看懂许多了……

我想，我会后悔是因为我有良知。如果任由叛逆的毒草肆意蔓延，那么良知就会被湮没;如果良知的微光照耀了心灵，那么叛逆就会被压制。我所要做的，仅仅是一个选择，之后答案自然能够轻易地浮出水面。

在对待母爱这个问题上，良知大概就是接纳、珍惜并感恩。所以，行动可以证明这一切。我静静地等待着妈妈再一次走进我的房间看我写作业。这一次，会很不同——请来"烦"我吧，妈妈!（呼应开头，只不过从"别来烦我"变成了"请来烦我"，构思巧妙。）

能够时刻被母亲记挂着、关心着，实在是很值得我们珍惜的。

点评

"别来烦我"与"请来`烦`我"一字之差,反映出小作者心理的成长。作为家长,听到青春期孩子说得最多的话应该就是"别来烦我"了吧? 这成为多少家长内心无力感的最大来源! 如果能在青春期孩子的嘴里听到"妈妈,请来烦我好了",该有多少家长的内心盛开了鲜花,颊上满是笑颜啊! 阅读能促进人心灵的成长,诚哉斯言!

悦读锦囊

我不敢劝你完全不读新书,我却希望你特别注意这一点,因为现代青年颇有非新书不读的风气。别的事都可以学时髦,惟有读书做学问不能学时髦。我所指不必读的书,不是新书,是谈书的书,是值不得读第二遍的书。

——朱光潜

戒躁归宁

——读《丰子恺人生小品》有感

◆学校:嘉善县实验中学　◆作者:刘雅婷　◆指导老师:唐军华

　　"一粒沙中看世界,半瓣花上说人情",说的便是丰子恺先生。他是一个虔诚的佛教徒,一个广博的学者,一个真实的彻悟者,也是一个平实的凡人。(总评丰子恺先生,佛教徒、学者、彻悟者、凡人,集多种角色于一身。)

　　尤其是他的文章愈品愈醉人心田。穿透书卷中的尘烟,看到的是他睿智的双眸;拨开那层层的书墨味,嗅到的是那清雅、不含一丝烟火的气息;转动那层层叠叠的书页,听到的是来自远方最空灵明澈的呼唤。

　　寓深刻于非深刻之中,用浅显的语言。

　　他以一个"渐"字,道出人生的演变过程,点破了大自然变化的奥秘,同时也道出了世人的糊涂——为"渐"所欺,对于时间的悟性不高,目光仅限于短暂的时光,不会收缩无限时间和空间于方寸心中,浮躁至极,却不懂得不争不抢不夺。

　　在丰子恺先生的眼中,世上最美的人,非貌赛天仙的人,而是儿童,因为他们拥有最纯洁的本质,那是一首极其动人的诗歌。

　　"我们本来也是同他们那样的,谁造成我们这样的呢?"丰子恺先生如是感叹说。

　　成人的世界何其浮华,不似儿童那般纯洁而真诚。因为他们的双眼蒙上了灰尘,变得浑浊,面对生活以虚假的心态和眼神。戴上面具的他们,看不清世界,就好似染上墨水的池塘,看不清岸边的世界。(将孩童的纯真和成人的浮华形成鲜明对比,褒贬之意立显。)

　　喜爱是纯粹的,而非刻意,它源于偶然,却非果然。世人的喜爱多半是刻意的,以各种冠冕堂皇的理由来装饰,纵使外衣再美、再华丽,依旧掩盖不了内在的空虚。我认为喜爱便是喜爱，无需缘由，这本来就是一种朦胧的东西，何必讲得太真切呢？

读着丰子恺先生的文章，就好似漫步竹林，清净至极，醉人心田，无需姹紫嫣红与花红柳绿，这便自成一个超脱世俗的世界；又好似在赏一件艺术品，令人惊叹。（用形象的语言抒写品读丰子恺文章的感觉。）

他，就好似滔滔江水边上的摆渡人，以他的明悟，为在迷茫路途中的旅客指点迷津，以他的慈悲为怀，为因生活而失望的旅客，展出一片晴空，载旅人至一处世外桃源，让他们喧嚣浮躁的心归于平静，由消沉至重燃对对岸的希望。

光阴总是匆忙的，跟随着它的步调的我们的心也是喧嚣而浮躁的。因此，我们应该沏一壶茶，品一品丰子恺先生的文章，让心归于安宁、安适、静好。（品丰子恺的文章能让人去除浮躁，回归宁静。扣住文题。）

点评

丰子恺先生的人生小品，自是非同一般。这篇读后感，作者从丰子恺其人入笔，围绕其小品特点，选择其中典型的思想内容，如对"渐"的感悟、对儿童的礼赞等，表达对丰子恺文章的喜爱之情，引导大众在阅读丰子恺小品的过程中去除浮躁，回归宁静。

素年乡情,戏曲锦时
——读《趣吴语:江南人文手记》有感

◆ 学校:嘉善县泗洲中学　◆ 作者:郑若琪　◆ 指导老师:董敬芳

　　文字,总有它独有的香气,掬水留香,长风吹影,也总能看到文字背后站立起来的人。浩浩荡荡的文字长河,小荷尖尖,蜻蜓点水,便结下不解之缘。长长短短,顿挫之间,方言俚语的乡土人情,总悄悄捎来穿越千年的文字悸动。(概括作者与文字的不解之缘,突出文字尤其是方言俚语的独特魅力,引出下文。)

　　弱水三千,而我唯愿取这一瓢饮。

孩提时代,戏曲悠然

　　"梦回莺啭,乱煞年光遍,人立小庭深院。"黛砖石瓦间,行走在外婆屋前的旧巷,看浓绿的青苔爬上沧桑的墙角,远远便听见外婆咿咿呀呀的唱戏声。

　　年幼的我坐在小木凳上,听她唱崔莺莺待月的西厢,唱李香君盟誓的桃扇。唱着"良——辰美景奈——何——天——",传了几百年的戏曲有它独到的灵气,有时一个调儿要拖个千回百转。听着激滟笙歌的昆曲,只觉得满眼都是亮闪闪的,而那些文雅细腻的唱词,究竟唱的是几家愁苦几家忧,我一概不知。小小的我也拖着嗓音道:

　　"良辰美景奈何天——"总又拖不完最后一音便累得气喘。外婆好气又好笑地来拍我的肩:"囡囡唱得好呀,喝水喝水。"她轻轻地递过水杯。

　　"外婆你继续唱,我还要学呢。"我挥动着短短的手,学着她的唱姿,手指轻轻一跷。

　　"好好好,外婆教你唱。"

小巷深处，恍惚间还听见她唱那句"良辰美景奈何天"的悠长调子。穿过重重夜幕，伴随着蒙蒙的水汽游走开来，如落花枝头上的一滴甘露，惊鸿般轻轻滴落在我的心头，辗转千回。（孩童时代虽不能体会戏曲之美，但热爱戏曲的种子已然深埋在作者心田。）

彼时，我不过是个孩子。

金钗之年，乡情俚语

记忆中的家乡，白墙黑瓦，露浓花瘦，吴侬软语，酥化在心头。地嘉人善，绵长乡情弥散在这江南水乡间，操一口方言，忽地满心庆幸。

我牵着外婆的手，游走在这古老深巷中。青石板铺就的小路上，穿着淡粉柔白轻纱的女子走过，玉钗银簪金步摇，青丝迎风飞舞。环佩叮当，清脆地响，若有若无的香气散开，弥漫在繁华的小镇上。

"三块拨，不好再少了。"满头银丝的老头满脸堆笑。

"哎呀，侬老头子怎么那么犟。"老太太故作生气，却又眼含善意，口袋里摸出几个硬币，"闹，三块拨！"

小小的我听着乡音痴痴地笑。

"这是谁家的囡囡呀，真可爱！"不知从哪儿飘来的轻柔嗓音，让人听得好惬意。

"我们家的囡囡呀！"外婆摸摸我的头。（这几段人物对话充满嘉善特色，散发着浓浓的乡情亲情。）

暖风吹过，花环姹紫嫣红夹杂着些满天星盘在发间，白纱裙轻轻荡漾及膝，我拿着新买的书，坐在梨花树下，等外婆做好饭，清茶浅酌，花好月圆。

彼时，我正值金钗之年。

豆蔻年华，寻找乡情

岁岁年年，时光荏苒。

"光年如水，有一天我们终会放下世俗的背囊，回到这黛瓦白墙的小镇。那时候，一盏闲茶从清晨喝到傍晚，和归来的燕子一同回忆那段云水过往。"白落梅如是说。

回到城里,再没有听到过外婆的咿呀声,再没有听到过那有着吴侬软语特色的乡情俚语,再没有见过青苔爬上墙角的清雅。只有灯红酒绿的长街,十里聒噪。

我拿着新购的书,一遍遍地摩挲。吴语,吴地方言,我终是忆起了旧时那段甜蜜静美的时光,走进那扇虚掩的木门,我轻轻唤:"外婆。"她方从那"如花美眷,似水流年"中抽脱开身来。

"囡囡,来啦!"

十年的暖风,没有吹皱她神采奕奕的面容。("吹皱"一词用得妙,写出外婆面容依旧、神采奕奕。)今夜的回归,与昆曲许一场一见如故,眉目成书,愿它婉转流年,余韵悠扬,千秋万代。

感谢阅读,伴我成长。今天这本《趣吴语:江南人文手记》,让我在繁华都市里重新做回了一个心智澄澈的人。

风景旧曾谙。

此时,我已是豆蔻华年。

文字有强大的力量,我始终相信。

点 评

这篇读后感以时间为序,选取"孩提时代""金钗之年""豆蔻之年"等几个人生阶段,表达对"良辰美景奈何天"的戏曲声、嘉善乡音、吴侬软语的热爱,赞美语言背后浓浓的亲情、乡情。作者强烈地感受到语言文字的力量和对人的深远影响,正如作者在结尾时所写的:"感谢阅读,伴我成长。今天,这本《趣吴语:江南人文手记》,让我在繁华都市里重新做回了一个心智澄澈的人。"

生命之歌
——读《那些生命中的美好与忧伤》有感

◆学校:嘉善县第三中学　◆作者:钱梦悦　◆指导老师:舒元斌

读《那些生命中的美好与忧伤》的感觉,就像做了一个很长、很长的梦,朦胧而美好。梦醒后,轻叹一声,竟有一丝不舍。(写阅读这本书后的总体感受,用梦来作比,突出朦胧美好之意。)

"时光流逝了,而记忆还在这里。人事代谢了,但温暖还在这里。成败经历了,可理想还在这里。"这是封面上的一段话,我想,这是对生命深刻的感悟。(封面上的这段话富有哲理,引用在这里,表达对生命的感悟,领起下文。)

书中围绕爱情、亲情、友情讲述了一个个故事,或甜蜜,或温馨,或感人,或遗憾,就仿佛一支由无数人用最最真挚的情感编写而成的生命之歌。

爱情·缘

书中的那些爱情故事并不似电视剧那般轰轰烈烈,没有那么多的巧合,也没有那么完美的邂逅,但却是最真实、最珍贵的。

就比如开篇的故事《公共汽车上的乘客》。三十四岁的苏珊双目失明,在她无数次哭泣、无数次叫喊"我是个瞎子"的时候,她的丈夫始终不离不弃,默默守护着她脆弱的心灵。尽管她看不见他,但他一直就在身边。这便是为黑暗带来光明的礼物——爱。

现在的我无法领会爱情的真谛,但我想,爱情的意义对每个人都是不一样的,或许它就是汉诺威广场上那句"不见不散",是红玫瑰的考验,又或许是长途货车司机的临终遗言……

亲情·卷

当一个人被爱包围时,激动的感觉就会逐渐沉淀。亲情便是如此。很多时候,我们忽略了亲人的关爱,将一切视作理所当然,用冷漠去回应家人的热情。何其幸运,有这样一本书拯救了那样的我。(用"拯救"一词凸显这本书对我的影响之深,受益之大。)我不认识讲故事的人,但他们的故事的的确确感动了我,警醒了我。

《那个我们称"妈妈"的人》这样写道:"你来到世间,她怀抱着你。你以号啕大哭向她表示谢意……你十五岁时,她希望下班回家时有人拥抱她。你却反锁房门不理她……你五十岁时,她病了,需要你的照顾。你却抱怨父母是负担。终于有一天,她静静地离开了人世。霎时,你本该做而没能做的事,犹如晴天霹雳,响彻你的耳畔……"我想这段话一定感动了许多的人,至少让人有一瞬间的呆滞。而这也让我开始反省,开始思考。那个我们称"妈妈"的人为我们付出了所有,流下了无数的心血与泪水。虽然有时她不是我们最要好的朋友,她会不赞成我们的想法和观点,但妈妈永远是妈妈,那个永远陪在我们身边,听我们讲述伤心事的妈妈!

爱她,要胜于爱自己。

友情·知

故事中的友谊很简单,却又不夹杂一丝瑕疵。其中一篇令我不禁流泪。

一个眼睛像大海般深蓝、头发像沙滩般金黄的六岁小女孩在海边玩耍。她看起来很快乐,因为她喜欢这片海滩。而皮特森先生,一个充满悲伤的大人,因为母亲逝世的打击来到海边排解苦闷。就是这样的两个人成了一对奇怪的朋友。女孩这样安慰他:"一只矶鹞会给你带来快乐!"但皮特森先生不以为然并对她发了火。后来皮特森再也找不到那个女孩,因为她走了,去世了。皮特森从未想过,那样快乐天真的一个女孩,竟得了白血病,而她一直不曾告诉他……"一只矶鹞会给你带来快乐",简单的一句话,诉说着和谐、勇气和无私的爱。

没有人能单枪匹马取得成功,人生路上,不仅需要爱人、家人的陪伴,更需要朋友的一句问候,一句安慰。无论祸福,上帝让我们介入彼此的生活,并以某种方式影响着对方。从他人的身上去寻找上帝的影子。正如你所知的,"当我们的翅膀受伤时,朋友就是天使,会将我们扶起,让我们明白如何飞翔"。

爱情的旋律是热烈的,亲情的旋律是柔缓的,而友情的旋律是轻快的。(用三个排比句概括三种感情的特点。)

这是一支生命之歌,献给每天忙绿、身心疲惫的我们,它会让我们重新去感受那些生命中的美好与忧伤。

点 评

作者在这篇读后感中吟唱着一首"生命之歌"。作者选取了三个故事,具体阐述了对爱情、亲情和友情的理解。爱情,真实的付出;亲情,默默的陪伴;友情,无私的鼓励。阅读着这样的故事,领悟人世间各种情感的珍贵,也是一件非常美妙的事情。

原来，这世界也可以这么美的

——读《那条时光流转的小巷》有感

◆学校:嘉善县泗洲中学　◆作者:夏　天　◆指导老师:董敬芳

　　静静的文字,静静的情感,静静的美,流淌在心间……(连续三个"静静的",从文字到情感到美感,层层加深,引出刘墉文章的特色。)

　　刘墉之文,没有华美的雕饰,没有精心安排的结构,没有做作的抒情,然而却有一种淡泊的清净,有一种朴实的爱,有一种宁静而深远的美丽。就像那碧蓝澄澈的蓝天里一片洁白、悠远、沐浴着阳光的白云,于不经意间,拨动人的心弦。他那素朴平淡的文字中,蕴含着他对世界的深刻思考,有一种睿智的哲理。有一位老师曾经对我说过:"文章要注意有思辨之美。"刘墉之文就很好地体现了这一点。《在梦中飞翔》一文,想象力是那样丰富,将虚无的梦境描绘得朦胧而具有诗意;《父亲的浴缸》中对过去的父亲的描写,对如今的可爱女儿的描写,都那样真实、感人,使人在嫣然一笑中又体会到一种淡淡的悲凉;《老农玄想》中对于自己闲静生活的描绘,透露着他淡泊宁静的心境,颇有几分"采菊东篱下,悠然见南山""晨兴理荒秽,带月荷锄归"的意味。(列举刘墉文章睿智的哲理。)

　　这只是这本散文集中的沧海一粟罢了,但刘墉先生的深厚功力从中可见一斑。但震撼我的,并不仅仅是刘墉先生的文采,还有他的文字中,那无可掩饰的美。(从赞美刘墉的文采过渡到赞美刘墉文字背后的内在之美。)

　　古人有云:"一花一世界,一叶一菩提""一枝一叶总关情"。自然是美的,是通灵的,是浩瀚而广阔的。刘墉先生于虫声之中寻求到了内心的平静,于蔷薇与梧桐的生命轮回之间寻求到了灵魂的自由,于小园的打理之中寻求到了无比的娴静……忘不了"桃花尽日随流水"的悠然与宁静,忘不了"乱花渐欲迷人眼,浅草才能没马蹄"的暖暖的春意,忘不了"泪眼问花花不语,落红飞过秋千去"的悲凉与寂寥……何止刘墉先生！自古以来，自然之美陶醉了多少文人墨客！从这些零碎而浩瀚的文字中，我们看到：自然真的是美的。然而我们对自然的美却越来越冷漠。有没有人为枫叶在阳光下透明澄澈的颜色而感动？有没有人为香樟高大优美的身形而赞叹不已？有没有人醉心于清晨那一声清脆悦耳的鸟鸣？没有，在这个城市快速扩张、生活节奏空前紧张的时代，我们的心也渐渐地变得浮躁，变得无情而麻木，竟连那些最活泼、最美丽的生命都视而不见！

《三字经》中说："人之初，性本善。"这就说明人性本身是美的。刘墉先生作为一位名作家，诚诚恳恳地为一位素不相识而品德高尚的圣诞老人立传。我们从中可以看出他作为一名学者的高度、广阔的胸怀与作为一个普通人的善良与无私。我们可曾向在烈日下辛勤清扫着街道的环卫工人致以崇高的敬意？我们可曾将为了维护人民的人身财产安全而壮烈牺牲的消防队员、为了维护世界和平而失去生命的战士们放在心里重要的位置？都没有。在我们的心里，他人越来越少，自己越来越多，以至于我们将他人的付出看作理所当然。久而久之，我们对他人的一切美好都冷漠了。

这世界真的是美的啊！

乘风归去！乘风归去！乘风归去！让我们听一听内心真正的声音吧！让我们冲出世俗的阻碍吧！让我们在大自然的美丽当中沉醉吧！感动吧！升华吧！让我们给他人留一些位置吧！让我们为那些人性当中的美好而震撼吧！欢呼吧！流泪吧！我亲爱的朋友啊，这是一个怎样生机勃勃的美好世界啊！（文章最后将文学之美提升到人性之美的高度来礼赞。）

采菊东篱下，悠然见南山。
此中有真意，欲辨已忘言。

点评

《那条时光流转的小巷》是著名作家刘墉各个时期作品的精选集。夏天同学阅读之后很有感触，发现这个世界其实很美，美在花鸟虫鱼的自然，美在真实生活的哲理，美在诗意生活的意境，美在普通百姓的人性。作者读刘墉，也在读生活、读人生，乐在其中，欲辨忘言。

让心灵去旅行

——读《令人着迷的岛屿》有感

◆学校：嘉兴市新丰镇中学　◆作者：刘　娇　◆指导老师：丁丽珍

旅行，是放松身心的一个过程。

旅行，是享受生活的一种表现。

旅行，自然也是用心灵去感受异地他乡的一种方式。

我国作家中第一个走出国门的背包客——陈丹燕，从1990年至今的二十余年来，旅行地域广阔，且边走边写。《令人着迷的岛屿》记录的是她在爱尔兰时的所见所闻所想。读着她的这些文字，就像是自己也进行了一次旅行，一次真正的旅行，一次心灵的旅行。（概括介绍陈丹燕和她的《令人着迷的岛屿》一书的主要内容。）

深夜里，作者站在灯塔狭窄的平台上，眺望那在夜色中模糊的爱尔兰海，这夜色深深笼罩之处，就是古代罗马人心目中的世界尽头，就是欧洲人心中的天涯海角。传说中的刀光剑影里，古代凯尔特人被驱赶出繁花似锦的大陆，退向黑色岩石的大海尽头，那里是几处最荒凉的海岸。命运如此多舛，这些凯尔特人，还是被大海隔开了，几百年后，他们的血统也散落在其他民族的身体中。但他们最终在这终日阴晴难定的天涯海角活了下来，直到千百年后，全世界惊奇地发现他们在或者陡峭或者平缓的海岸边载歌载舞……（选取书中典型的景、人、历史，让人领略爱尔兰独特的风景和人文。）

当作者站在灯塔上看着眼前这片海时，心里在想些什么呢？闭眼回想起这段历史，她心中又是怎样的波澜起伏呢？……现在当我再读时，我似乎看到作者是在与这片海促膝长谈，是用心在交流，是用心灵在感悟，是用心灵在接近历史、思考历史。（贴着作者的心灵去阅读。）

我喜欢作者在书中所写到的爱尔兰小调。虽然我从未聆听过，但是这并不妨碍我通过文字去亲近、去喜欢它。那爱尔兰小调极苍凉又温暖,有一种从心底潺潺流出的曲调特有的悠扬,轻易就能将人迷住。这种曲调已经有超过百年的历史,但爱尔兰人始终不能忘怀这样的曲调,所以每过几十年,就会有人为它们重新填词、翻唱,于是古老的曲调穿越岁月焕然新生,即使是血统上的爱尔兰人已不复存在,但古老的曲调仍悠扬地抒发着人们内心的感情。这样的爱尔兰小调,你说我能不爱? 我想,总有一天我会真正地去聆听它,去触摸它。那时,我便会用心灵去感受那蕴含在深处的情感,揣摩那填词人是怀着怎样的心情去写下它们的。

有人说,作者陈丹燕用优雅清澈的中文雕刻出苍茫大地中的一山一水、无尽城池里的一室一窗,以女性的细密敏锐感知自然的终极神秘,并神游在世界各地那些曾经的伟大心灵的内心世界中。我猜想作者神游在其中时,也在与他们对话,试图去探索隐藏在深处的秘密。也有人说,作者的书营造了一种气氛:就像在光线恰到好处的咖啡馆,那儿有柔软的沙发、浓香的咖啡、迷人的音乐,让你有一种温柔的愉悦,会激起你旅行的渴望,或许还会改变你旅行的意义。(着重写书中营造的氛围,激起人们探索旅行的意义。)

是啊,在这样的氛围中,我的心已经飞出了中国,飞往了爱尔兰,去领略那里的风光,去听听爱尔兰小调,去尝尝那美味的爱尔兰苏打面包,站在灯塔上去瞭望那阳光照耀下的爱尔兰海。用心灵去感受海风吹来时的美好,去胡纳教堂看看那色彩艳丽、绚烂多彩的铸铁玻璃画与《生命之河》……爱尔兰的美景可真多,就等你去发现。

令人着迷的岛屿!

令人着迷的爱尔兰!

让心灵去旅行,你可以发现整个世界!

点评

这篇读后感自始至终围绕"让心灵去旅行"这一中心,介绍书的作者陈丹燕,重现爱尔兰迷人的风景人文,营造出神秘的异国氛围,激发读者旅行的欲望,探索旅行的意义。因为一本书而让人爱上旅行,爱上对世界的发现,进而发现自己的心灵,不能不说是一件很有意义的事情。

一步之遥
——读《钢铁是怎样炼成的》有感

◆学校：平湖市稚川实验中学　◆作者：曹奕杨　◆指导老师：朱敏艳

打开苏联作家奥斯特洛夫斯基的著作时，我清清楚楚地感受到了苏维埃社会主义革命的熊熊烈火，它炽热得仿佛能熔化前进道路上的一切障碍。（"熊熊烈火""熔化"等词语非常形象地写出了社会主义革命的气势、规模和影响。）翻过最后一页时，战争的硝烟散开了，新生活的太阳升起了，拿着列宁格勒来信的保尔·柯察金，随着故事中纷繁复杂的人物们一起，渐渐隐没。

只有一个梳着麻花辫的栗色头发的女孩子还站在地平线上，留给我一个背影。（人物特写和背景的衬托非常有感染力，宛如电影一般。）我知道她是谁。

她就是冬妮娅·杜曼诺娃。

冬妮娅是保尔钓鱼时偶然认识的。起初保尔对这个语气嘲讽言辞刻薄喋喋不休的贵族小姐充满反感，但是经过磨合，他们甚至越过纯洁的友谊，成为彼此的初恋。不幸的是，身世的不同使他们之间的隔阂越来越明显，直到她在共青团俱乐部华丽着装被视为资产阶级，他惋惜地毅然决然跟她分手。

"你既然有勇气爱上一个工人，怎么就不能爱上工人阶级的一切呢？"保尔平静而哀伤地问冬妮娅，可她沉默着，如同第聂伯河夕阳下的一尊雕像。

冬妮娅，和娇生惯养的世家子弟不同的冬妮娅，跑起来像旋风一样快的冬妮娅，敢爱敢恨热情洋溢的冬妮娅，离成为革命大家庭中的一份子，离收获光明充满希望的爱情只有一步之遥。（用三个排比句来描写冬妮娅，既肯定了冬妮娅的优点，又流露出对她不能获得爱情的惋惜之情。）她本可以彻底摆脱她所不喜的"瘦弱无能的中学生"，融入"穿脏衣服的人"的正义团体，可是她畏缩了。潜意识中的阶级观念没能让她迈出最后的一步。

看到冬妮娅嫁给一个铁路工程师后见到保尔的情节，我真的可怜了她一秒钟。她在他眼中已经是一个和威克多、琳莎、妮莉别无二致的陌路人了。保尔深爱过的漂亮智慧的冬妮娅，现在只存在于他的梦中。

造成从一步之遥变为灵魂相隔的，兴许是冬妮娅不够坚定的信仰，因为她并没有发自内心地认同工人阶级或者全体布尔什维克。一旦她失去了与保尔之间的爱情，她就失去了维系她与无产者的纽带，从而顺着反方向的斜坡下滑，与光明的高处渐行渐远。只有当她真正放下高人一等的骄傲架子，发自肺腑地热爱并支持苏维埃政权，才有可能挽回她的命运。然而，她是无论如何也做不到树立信仰的。

信仰之于成败而言的重要性，在历史进程和文学著作中不停地被证明。《三体》中，刘慈欣老师把地球三体组织降临派成员描述成"信仰坚定的战士"，是绝不会受一步之遥困扰的人。世界大战中，团结在统一信仰下的人们获得了最终的胜利——自然，独自对抗全世界的信仰是个悲伤的意外。当信仰为科学时，它使得人类文明一次次发生技术爆炸……

如果结局可以改写，我愿意看到这样的画面：保尔注视着冬妮娅蔚蓝色的眼睛，这是一对在朴素装束上闪烁真诚光芒的澄澈水晶。他握住她的手，带着温存备至的坚定说道："我们，是同志了！"（想象中的画面，从冬妮娅的眼睛到保尔的话语，表达着作者美好的愿望，升华了主题。）

点 评

名著《钢铁是怎样炼成的》一直以来激励着一代代读者，给人以力量，予人以启迪，不同读者从不同角度解读着名著中的人物。这篇读后感取名《一步之遥》，非常贴切而深刻地揭示了冬妮娅之所以不能和保尔在一起的深层次原因：潜意识中的阶级观念和不够坚定的信仰，这个角度无疑是新颖独到的。开头冬妮娅的出现和结尾假想的美丽结局，都具有强烈的画面感，这归功于作者丰富的想象力和形象可感的语言表达。

最好的结局
——读《红楼梦》有感

◆学校:桐乡市实验中学　◆作者:周　颖　◆指导老师:刘　娅

　　"一个是阆苑仙葩,一个是美玉无瑕。若说没奇缘,今生偏又遇着他;若说有奇缘,如何心事终虚化?"一曲风华,响彻天空,回荡灵魂之中;一舞倾城,舞尽人世浮华,道尽人间悲欢。

　　细细品来,觉得曹公像是天生为《红楼梦》量身定制一般,如此细腻的文笔,跌宕起伏的情节,仿佛无形中有只苍老的手,缓缓地推动着命运的齿轮。宝黛之间那细水长流的爱情,出现得那么自然,却让无数人震撼之中怦然心动。我欣赏林黛玉性格中独有的叛逆和孤僻,以及对凡尘俗世的不屑一顾。在当时的社会中,她的存在显得那么出尘,那么卓尔不群,就如一朵悠然绽放的莲花,始终执着于自己的本性,一如碧玉般盈澈。(评价林黛玉,以莲花喻其超凡脱俗,甚是中肯。)

　　无论是少年听雨红楼上的诗情,清寒入骨我欲仙的画意,还是草木黄落雁南归的凄凉,花气温柔能解语的幽情,无不体现出她娟然脱俗的气质。诗,是她高贵的灵魂,是她精神的寄托。记得她的《葬花词》中写道:"侬今葬花人笑痴,他年葬侬知是谁? 试看春残花渐落,便是红颜老死时。一朝春尽红颜老,花落人亡两不知!"每一个字,每一句诗都像是一支尖锐锋利的箭,深深地插入了读者的心,又仿佛是只无形的手,掐着了自己的喉咙,挣脱不了的痴情,令人潸然泪下。也许,死是她最好的解脱,也是所有悲剧的终结。在那个愚昧的时代,黛玉的香消玉殒是可悲可叹的。她清高的个性、独立的性格与当时的世界格格不入,无法与社会"融合",这也注定了她最后含恨而死的结局。她恨,她恨自己为什么不够坚强;她恨,她恨有情人为什么不能终成眷属;她恨,她恨这个世界的无知与残酷。而俗世万千所有的恨也终将化作烟云,随风散入那历史的无尽长河之中,也许,这才是真正的"流水落花春去也，天上人间"。(这一段写林黛玉的性格与悲剧，读来使人为之动容。)

我爱黛玉的清雅聪慧，也叹宝钗的墨守成规。宝钗的出身，注定了这一生中，自己并没有什么选择的权利和自由。她是封建专制社会里最循规蹈矩的服从者，从来不知道自己想要的是什么，没有开心也没有不开心，只是按照理所当然的道路走下去，从未得到过全心全意的爱情，也没有谁真正地关心她。我想，她也像任何人一样憧憬过美好的未来吧，但当现实一次次地粉碎她的梦，也就变得麻木了、无感了，这是一个时代的悲剧。(薛宝钗的悲剧也是时代的悲剧，这认识很深刻。)

也许，当知道母亲为了贾府的权势把她嫁给痴傻的宝玉时，她也曾独坐在床头，暗自流泪直到最后宝玉出家，内心极度悲伤，她也依然不能随本性而为，只能把伤痛压下，等到夜深人静时，独舐伤口，任凭生活这把钝刀一点一点割掉她那鲜活的生命。(将生活比作一把"钝刀"，形象地写出它对鲜活生命的戕害，令人痛心。)"可叹停机德，堪怜咏絮才；玉带林中挂，金簪雪里埋"，她的一生，既让人埋怨，又让人叹息。美梦终究一场空，韶华散尽，容颜衰。独坐烛前痴痴叹，才觉泪痕爬满面。过往如云不可及，镜中双鬓已成霜。膝下遗腹已成人，房空清冷如往昔。闲来无事仰望月，无语能诉，唯有泪空流。

世间很多人埋怨曹雪芹为什么不把《红楼梦》写完，好让这一切都有一个最终的结局。可我想，如果《红楼梦》完结了，是不是就少了几分韵味，少了几分荡漾千古的哀愁？也许，这就是最好的结局。

点评

说不完的曹雪芹，道不尽的《红楼梦》。周颖同学这篇读后感集中选取了林黛玉和薛宝钗两个人物进行赏析，对于林黛玉，作者赞赏她清高独立的个性、卓尔不群的气度；对于薛宝钗，作者哀叹她的墨守成规和循规蹈矩。曹雪芹没有将《红楼梦》写完，读者周颖认为，这也许是最好的结局，因为如果《红楼梦》完结了，就少了几分韵味和哀愁，这个感受和评价是很独特而又有见地的。

人生因你而美妙

——读《那些生命中的美好与忧伤》有感

◆学校:桐乡市屠甸中学 ◆作者:顾佳怡 ◆指导老师:潘琴芳

在这本书的封面上,有这样一句话:"时光流逝了,而记忆却还在这里。人事代谢了,但温暖还在这里。成败经历了,可理想还在这里。"(引用书本封面的排比句引出读后感,切入点很好。)当看到这段话时,我们第一个想到的应该就是自己的家了。家中有亲情,家中有亲人,一个家少了亲人和亲情,还算得上是家吗?家人对我们无微不至的付出,让我们渐渐认为这是理所应当,但只有自己体验过才知道——并不是,才会发现自己对家人的关心采取的态度是多么让家人伤心。妈妈是和我们最亲的人,也是我们来到这个世界后第一眼见到的人,并从那时开始为我们付出着,而我们做出了怎样的回应?这在《那个我们称"妈妈"的人》中体现得淋漓尽致。

文章中写了幼儿时候、年少时光、长大成人、日渐老矣这四个人生阶段对妈妈的不同态度,从幼儿时的不懂事到青春期的叛逆,再到长大后对妈妈意见的反对和抱怨,一次次伤了妈妈那颗始终为我们着想的温柔的心。把妈妈的行为和我们的态度对比着写在一起,更让我们感受到了母亲如水般的爱和为人子女的不知珍惜。

高尔基曾说过:"世界上的一切和骄傲,都来自母亲。"我以前并不这么认为。(结合自己的亲身经历谈对高尔基名言的新认识、新体会,有说服力。)

那时正值秋季,天气转凉,妈妈约我一起去街上为我买御寒的衣服,结果却因为意见不一而没有买成。回家的路上,我心里赌气,转头看见车窗外枫叶是那么的红,红得仿佛要滴下来的样子,("滴下来"这个词组用得形象,作者的感觉很细腻。)远远望去就像一片海,风一吹,便飒飒作响,奏出一曲美妙的自然之乐。妈妈丝毫没因没买成衣服而影响心情,说要带我去体验秋的神奇与美丽。我们走到一株金桂前,树上的桂花小小的,乍一看,你都不会发现浓密枝叶中还藏着小小的花儿。我托起一簇花儿,凑到前面闻了闻,它的香味很特别,不像玫瑰那么浓郁,也不像荷花那么清淡,香得恰到好处,让人一闻就爱上了这味道。妈妈是个爱花草的人,我想她一定喜欢的,但转过身去找她,却并没有她的身影,只有陌生的背影在我眼前晃过。我很害怕,站在那里一动不敢动,看着形形色色的陌生人,心里很着急:妈妈到底去哪里了?我现在该怎么办?站在这里好奇怪,要不要去找找妈妈?可是如果我走开了,她回来找不到我怎么办?还是在这里等吧。我站了很久,脚很酸,可妈妈还没有来,我的心里更加着急了。终于,从不远处那一片红枫林里走出了一个人影。熟悉的背影,那不正是我的妈妈吗?我赶紧跑过去说:"你到哪里去了,怎么找不到?"妈妈拿出枫叶说:"你不是喜欢枫叶吗?秋天的枫叶是最美的,我去给你捡了些来,可以做成书签。"我停顿了一下,接过妈妈手中的枫叶,心中流过一道暖流。(这一段写得详细,母亲为我捡枫叶做书签,让我感受到母爱的暖流。)

母爱就像这桂花,隐藏在层层绿叶中,默默散发着香气。如果没有一颗敏感而细腻的心,怎能发现这默默无闻的母爱?母爱是我们的照明灯、守护神!母爱是永恒的,让我们花费一点儿时间,对那个我们称"妈妈"的人,表达敬意和感激!"树欲静而风不止,子欲养而亲不待",我们要珍惜与妈妈相处的时光,爱她要胜于爱自己。

妈妈!没有你生命就没有了意义,人生因你而美妙。(抒写一曲母爱的赞歌。)

点评

《那些生命中的美好与忧伤》这本书感人的地方很多,作者在这篇读后感中没有泛泛而谈,而是从中选取《那个我们称"妈妈"的人》这篇文章来写,因为这篇文章把母爱的内涵体现得淋漓尽致。然后作者联系自己和母亲的相处,主要写一件事——妈妈没有因没给"我"买成衣服而影响心情,而是和"我"体验了一把秋的神奇与美丽,为我捡枫叶做书签,让我体会到母爱的暖流,从而印证了高尔基的名言"世界上的一切和骄傲,都来自母亲",抒写了一曲母爱的赞歌。

氤氲水乡

——读《缘缘堂随笔》有感

◆学校：桐乡市现代实验学校　◆作者：吴骏怡　◆指导老师：薄汉松

　　丰子恺先生的《缘缘堂随笔》朴素而真实，没有华丽字眼的修饰，他回忆着，记录着，怀念着。（文章开篇就点出了丰子恺《缘缘堂随笔》的特色——朴素、真实。）丰子恺先生的童年，是在石门湾度过的，养蚕、捕鱼、吃蟹，这些现在看来再普通不过的事，他却能一笔一画，勾勒出一个稚气孩童眼中的生活。即使因为战争，他不得不在外流亡，但这份对于故乡的热爱与思念，却一分一秒未停歇。丰子恺先生喜爱垂柳，因为唯有垂柳才知晓归根，他热爱自己的故乡。每个人都热爱自己的故乡，我也是。

　　故乡静卧在水网密布的平原上，翡翠般的河流环绕着，宝石似的湖泊镶嵌着，缀满这方富饶的土地。（作者用词精当，好好体会此句中"静卧""环绕""镶嵌""缀满"等词语。）瞧吧，那潺潺流动的河水，承载了生命的源泉。水草在底下发出莹莹的光芒，随波荡漾，摆动着婀娜的腰肢；鱼虾在水中嬉戏打趣，一摆尾便隐没在如画的美景中，引得孩子一番欢笑；偶尔还有一片绿叶在水面轻轻漂荡，叫人担心水花溅起时，会把这一抹绿意掀入水底……阳光暖暖地洒下，为河流染上钻石般耀眼的光彩，微风徐徐拂过，漾起层层动人的涟漪——这才是故乡的水！

　　水多，桥自然也多了，形形色色的桥连接着两岸。那些精致的石拱桥上，攀满墨绿的苔藓，河水拍击层层叠起的砖石，浸润了掩藏在石缝间的佳话，风雨冲蚀雕刻的纹路，回旋在沟壑间……历史的故事代代上演着，富有哲理的史诗句句吟唱着。

　　也有那满载肥美鱼虾的小舟，在夕阳下缓缓前行，渔人摇着手中的木桨，推开层层波浪，残阳照耀在丰硕的成果上——那承载着希望的小舟，也永不停息地向前,向前……

粉墙黛瓦间,扎根着古老的灵魂。

院中将那青瓦白墙掩藏的树,几乎见证了我的整个童年。常常在童年时倾听叶语,也常在叶语中倾听童年。(词句顺序的调换,翻出新意。)少说也要几十个年头,才能成就这样一棵树,它让我终于知晓什么叫作葱茏。穿梭游荡在斑斑叶影间,风将绿叶温柔地拨动,恰似少女奏出天籁,像纸风车般不停旋转,载满儿时最干净的梦。满树的绿,泼泼洒洒,点缀被时光雕刻的枝干。忽地,阳光灭了,风中叶在猎猎作响。似乎听到叶的呢喃,浸润在芬芳中,迷失在绿意里,沉醉在花蜜中,融化在暖阳里,隐匿在叶影间,藏秘在枝干旁。

那流水上,小舟渐行在古老的石桥下;那流水旁,房屋掩映在参天的古树间;那春天里的莺歌燕舞,那夏日里的斑斑叶影,那秋日里的幽幽桂香,那冬日里的雪花纷飞,那清晨湿润的空气,那正午温暖的阳光,那黄昏瑰丽的彩霞……这,就是故乡。(流水、小舟、石桥、房屋、古树、阳光、彩霞……组成独具江南特色的风景。)

丰子恺先生热爱石门湾,即使它没有那么繁华美丽;丰子恺先生怀念他的童年,即使它沾染着硝烟的气息。

像是氤氲云雾编织的梦境,美好得虚幻。

点评

丰子恺的《缘缘堂随笔》写家乡石门湾的景、石门湾的事、石门湾的人,表达的是对故乡的热爱、对童年的怀念,是一本朴素而真实的散文集。阅读这样的文章需要一颗淡定宁静的心灵,这篇读后感的小作者用形象的语言表达了对家乡的热爱和对先贤的敬重,江南古镇特有的氤氲之气弥漫在字里行间。

做一个和自己相逢的人
——读《令人着迷的岛屿》有感

◆学校:嘉兴市秀洲区新塍镇中学　◆作者:陈安琪　◆指导老师:武凌霞

　　旅行是一场自己和自己的相逢。在旅行中认识真实的自己,明白自己在漂泊中与在城市中的安逸所不同的追求。(开篇揭示旅行的意义——和自己相逢,认识真实的自己,为下文张本。)

　　陈丹燕在书中写到了爱尔兰,在黑色的悬崖之上向辽阔的爱尔兰海望去,自觉像夜鸟,满身风尘,羽毛湿润,心下惊异。古罗马人心中的世界尽头,欧洲人心中的天涯海角……凯尔特遗迹,音乐和作家札记,小说戏剧……种种都值得让我们去好好体会甚至佩服。

　　乘着十几个小时的飞机,带着因高空气压而嗡嗡作响的双耳,降落在惨绿之岛。体会过爱尔兰海森然的呼吸,呼吸般的浮动,看过灯塔缓缓转动,扇形白光刀片般切开夜色。(难得作者想到"切"字,夜色在扇形白光刀片般的切割下,仿佛有了形状,有了质感。)沿着嵌着细细浪花的海岸,望到远处好似万花筒中黑暗尽头碎玻璃细小而明亮的小镇。在幽暗温暖的爱尔兰酒馆里,听着苍凉而温暖的爱尔兰小调,悠扬迷人,如融化的雪一样。曲调已经有超过百年之久,但它始终让爱尔兰人无法忘记,于是这古调每过几十年便穿越岁月幡然新生,被人重新填词、翻唱。人的生命不能永恒,但这曲调会在一代又一代人的手中随着爱尔兰海的粼粼波光,一直到世界的尽头。万籁俱寂,我的心如鸟儿安睡。(这一段对爱尔兰岛、爱尔兰海、爱尔兰曲调的描写极为细腻。)

　　人生在世,真的应该出去看看,踏上未去过而向往的异乡旅途。不然,我们永远在自己的世界里,不知道世界有多大。也许,旅途中会为金钱所困,为自身所惧而困,但更值得回味的其实是沿途的风景。有时不是所有的结果都是令人开心的,但旅行的意义却是无价的。

　　也许,最初我们想要旅行是为了忘记过去和获得自由,摆脱世俗的枷锁,去体会旅途的惬意与清新。但这并不要紧,当我们如飞鸟在天地间自由翱翔的时候,我们总会发现世界就近在咫尺。与其看着笼统的简介,倒不如去享受这个世界带给我们的这一切。世界或许对很多人来说并不理想,但我们应该有"世界以痛吻我,我报之以歌"的精神。只有打开了自己的心,去看世界、感受世界,看着时间在指尖的流逝,我们终会明白,世界不只是在爱与利益之间。

　　人总会老,美丽的风景却韵味依旧,淡去人世的利欲熏心,放下错综的儿女情长。我们只要肯向前踏出第一步,放下疲惫的身体、警惕的大脑,放下算计与心机,寻回纯真,放下狭隘的目光,向外看,放下陈旧的规矩,踏上自由。人生的线条不应归于直线或是曲线,人生之旅终归于充实,这才是极好的。

　　人只有改变自己的视野,才能改变自己的格局。(以格言一般的语句结尾,进一步揭示旅行的价值,意味深长,令人沉思。)愿我们在亲吻般浮动的海洋里沉思世界,体会人生。

点评

　　作者阅读着陈丹燕《令人着迷的岛屿》,为爱尔兰惬意迷人的风景而沉醉,为大西洋悠远神秘的文化而流连。更重要的是,作者从阅读走向感悟,从书本走向成长,从"旅行是一场自己和自己的相逢"的角度切入主题,呼唤人们在旅行中认识自己,发现自己,进而完善自己。从这个意义上说,这篇读后感揭示了阅读的真正含意:阅读陪伴心灵的成长。

不忘初心

——读《骆驼祥子》有感

◆学校:海盐县武原中学　◆作者:步将洁　◆指导老师:吕　蓉

　　"横看成岭侧成峰,远近高低各不同。"透过不同的心境,窗外的风景亦是不一样的。莎士比亚曾说:"人生舞台的大幕随时都可能拉开,关键是看你愿意表演,还是选择躲避。"在这个世界上,唯有不忘初心,推开心灵的窗户,窗外才会呈现出最美的风景。

　　祥子曾经是一个多么坚守内心的人哪!("曾经"一词,恰当!)他凭借健壮的身体、吃苦耐劳的品质以及不可动摇的意志,无疑可以成为最出色的车夫。为了实现自己的"车"梦,他一分一角地攒钱,一攒就是三年。在这些年里,不良嗜好从未接近过他,就算再苦再累他也心甘情愿。

　　希望往往与现实相差太大,没拉过几单生意的新车被乱兵给抢走了。一次次的奋进换来的却是一次次梦的破碎。成婚后,祥子不再像以前那样随心所欲地拉车了,也不再具有从前的那份生气了。仿佛总有一个漩涡吸引着祥子,迫使他慢慢沦陷。可生活并没有因此而放过祥子。虎妞的去世使祥子人车两空,使他的一切都化为乌有。小福子的自杀又吹灭了祥子信念中最后一朵火花。终于,祥子开始堕落,不再相信这个世界……

　　那到底是什么给祥子勇气,又是什么磨灭了他的意志呢? 是他的内心。一个人只有树立正确的人生观、价值观才能领悟到精神充盈的真正幸福。(深刻。)所以在纷繁芜杂的社会中,始终保持精神的富足高贵是何等重要啊! 只有带着如山般坚定的信仰,一步一步地行进在成功的道路上,才能不负平生。

　　对每个人而言,决定成功的因素有所不同。勤奋决定生命的厚度,坚毅的行动演绎人生的精彩;天赋决定生命的灵感,思想增添人生的色彩。因此,我们要树立正确的人生观、价值观，不忘初心，用平静的心态对待人生中的各种起伏。（排比句，显示思维的缜密与深度。）

在青春的世界里，沙粒要变成珍珠，石头要化作黄金。正当青春的我们要不忘初心，笑对困难，为自己的理想孜孜以求。即使周围的环境再乌烟瘴气，也要保持一颗如蓝天般澄澈的心。（"乌烟瘴气"用词过重，但为与"如蓝天般澄澈"形成对比，亦可。）唯有如此，我们才能领略窗外专属于我们的完美风景！

点评

《骆驼祥子》中的祥子曾经多么地坚守内心，但他终究是在现实的逼迫中忘了初心。小作者虽没有过多分析祥子忘了初心的原因，但能以祥子为反例，阐述不忘初心对于人生的积极作用，富有哲思，亦很可贵。

没有谁是一座孤岛

——读《岛上书店》有感

◆学校:嘉兴市实验初级中学　◆作者:邱　悦　◆指导老师:秦　群

　　我用书本封面上的一句不算完整的话作为读后感的题目,是因为它来自另一个次元,大大超出了我的理解范围,甚至读完整本小说,我也是似懂非懂。起初,我就是怀着那疑惑的心情,翻开了书页。(由"疑惑"激发的阅读,往往有"探险"的美趣。)

　　这本书写的是一个书店老板的一生,却给我所有的配角都是主角的感觉,就好像在那个世界里,所有的人都缺一不可。

　　前一小部分,是带着压抑色彩的。书店老板A.J.费克里,人近中年,独自在一座孤岛上生活。爱妻的猝然离世、小店的营业危机,以及所收藏宝贝的莫名失窃,让他的人生一度陷入僵局。带着那颗自私、贪婪、冷漠的心,他选择了不断用酒精麻痹自己,然后在苦难中就此离开。我微皱眉头,眼前仿佛出现了一个满脸胡碴、面容颓废的酒鬼在阴暗的角落酩酊大醉的情景。本以为我会一直带着那种好像阴天里乌云在发酵的灰色感觉看着他一步步走向无尽的深渊,故事却在第四十七页发生了逆转——

　　弃婴玛雅被送到了A.J.费克里的身边——自此,艰难却又充满奇迹的一年到来了!

　　"一旦一个人在乎一件事,就发现自己不得不开始在乎一切事。"泽文的这句话说得一点没错。A.J.费克里因为恻隐之心收养了玛雅做女儿,不得不为了养家糊口开始努力做个好父亲、好老板。在玛雅生病的一个晚上,他阅读了出版社女业务员阿米莉娅强烈推荐的由一位"古稀老人"所著的《迟暮花开》—— 一本类似回忆录的小说。最终,他爱上了阿米莉娅。

第一部分以 A. J. 费克里和阿米莉娅婚礼的完美举行及伊斯梅丈夫的车祸死亡而完结,至此,我以为故事会像童话那样有一个皆大欢喜的结局。然而事与愿违,A. J. 费克里、阿米莉娅和玛雅这一家三口并没有一直幸福地生活下去。

命运在短暂的眷顾之后,再一次向书店老板开了个玩笑。A. J. 费克里被查出患有多形性胶质母细胞瘤,那是一种罕见的绝症。尽管阿米莉娅选择花光所有的积蓄让他做了手术,他还是很快就因病离开了人世。我不禁感到伤感,因为这个有点遗憾的结局。一个人既然能够完全洗心革面,为什么就不能拥有一个完美的结局?(这个反问很有意义,超越了书本故事,关涉现实生活。)

我反反复复阅读这个令人费解的结局,直到重新看到这句话:"我们不是我们所收集的、得到的、所读的东西,只要我们还活着,我们就是爱,我们所爱的事物,我们所爱的人。所有这些,我认为真的会存活下去。"然后,就一下子豁然开朗。费克里并不是带着遗憾离开的,至少,他学会了爱与被爱!("反反复复阅读"到"豁然开朗",可贵的阅读习惯。)

爱,这是一个富有魔力的字,它可以在最艰难的日子里,将人生变得美好而辽阔。现实生活中,不管是谁,无论在哪,每个人都有爱与被爱的权利。因为有了爱,也就有了改变。因为爱,那些处于人生低谷的人看到希望,重新振作起来;因为爱,那些自私冷酷的人,能够与人沟通,可以学会付出;因为爱,那些胆小懦弱的人,能为了心中的信念而懂得坚强和承担;因为爱,那些孤独的人,才能收获真情……

我想,这本小说不仅有人与人之间的温暖人心的爱,还有人对书籍、对阅读那纯粹的爱。一家书店,一个弃婴,一个书店老板,一个图书业务员,一个作者,一个教师,一个爱看书的警官和一本失而复得的价值连城的书……因为有了爱这座桥梁,这一切在孤岛上紧紧相连。幽默而不失浪漫,带着悬疑又充满温情,作者用热情的笔抒写着爱与阅读的理由。

没有谁是一座孤岛,每本书都是一个世界,每个地方都需要爱的存在才能充满生机。尽管目前不能十分理解,但我还是偏执地用自己拙劣的文字以及匮乏的辞藻,任性地写下这篇读后感,尝试着记录这本小说所带给我的心情。(写读后感,记录阅读的心情 好习惯。)

小说的结尾是兰比亚斯那声沙哑但并非不友好的"欢迎光临",那么我也摘录《迟暮花开》中最喜欢的文字,作为这一篇的结尾。

"因为从心底害怕自己不值得被爱,我们独来独往,然而就是因为独来独往,才让我们以为自己不值得被爱。有一天,你不知道是什么时候,你会驱车上路。有一天,你不知道是什么时候,你会遇到他(她)。你会被爱,因为你今生第一次真正不再孤单。你会选择不再孤单下去。"

点 评

　　由疑惑激发阅读,在阅读过程中产生疑问,激起更深入的阅读,尽管人生阅历尚浅,但能写下阅读感受,记录阅读心情,这是很好的阅读习惯。在真诚的阅读中,语文素养的提升定然会不期而遇。

乱世战歌
——读《三国演义》有感

◆学校:嘉善县第四中学　◆作者:王眺沄　◆指导老师:许小红

　　滚滚长江东逝水,浪花淘尽英雄。是非成败转头空。青山依旧在,几度
夕阳红。白发渔樵江渚上,惯看秋月春风。一壶浊酒喜相逢。古今多少事,
都付笑谈中。

——题记

　　天下大势,分久必合,合久必分。东汉末年,天下大乱,群雄并起,其中令人印
象最为深刻的还是被誉为"一代奸雄"的曹操。

　　奸,首先体现在他的"心黑"。他杀吕伯奢一家,杀吕布,杀陈宫,杀伏后,还说
出"宁使我负天下人,休教天下人负我"的狠心话。他还"挟天子以令诸侯",因此,
他败二袁,灭吕布,收张绣,讨刘表,最后再败张鲁,这充分表现了他的"心黑"。
("杀""败""灭""收""讨",概述情节时,用词恰当。)

　　其次,是他的"无情"。在他被召回京城时,董卓刚死不久,朝廷还在渐渐恢
复。他威胁年幼的汉献帝,诸葛亮称他"名为汉相,实为汉贼",被吴蜀之人所唾
弃,被献帝称为"操胜之董卓也"。

　　他真的无情吗?(一个疑问,荡开一笔,丰富文章内容。)能写出"周公吐哺,天
下归心"的人,我相信绝不是无情的人。

　　我们都知道望梅止渴的故事,行军途中,士兵们口渴难耐,也只有曹操才能想
出使将士望梅止渴的妙策。这种乐观精神正是一个英雄的根基。

　　在东汉末年那个动荡的时代,百姓一直在受苦。曹操在北方屯田,兴修水利,
解决了军粮缺乏的问题,恢复了农业生产。他唯才是用,抵制强权,战术上灵活多

变。他对东汉末年中国北方的统一、经济生产的恢复和社会秩序的维持也有着重大贡献。(概述历史上真实的曹操的功绩。)

从古至今,有无数人在唾骂曹操。民间普遍认为他是一个阴险狡诈的奸贼;在《三国演义》中,他是一个"挟天子以令诸侯"的奸臣;在众多历史学家眼中,他也是一个有争议的、奸诈多于英明的人物。可在我看来,他不是奸贼,而是一代枭雄!

红尘百媚生,乱世英豪起。旧时月犹照,今朝事已休。

孙刘各称帝,唯曹不是君。可负天下人,但酬鸿鹄志。(小诗作结,别具特色。)

点 评

《三国演义》主角众多,但唯有对曹操的评价最有争议。读《三国演义》评曹操,本文作者选点恰当。将《三国演义》中"心黑""无情"的曹操与历史上颇有功绩的曹操对比着来写,使文章有厚度。小诗作结,与文首的题记相应,颇显文史味道。

土地的诗意与伦理
——读《沙乡年鉴》有感

◆学校:桐乡市第七中学　◆作者:陈佳悦　◆指导老师:沈晓红

　　当我第一次见到利奥波德的《沙乡年鉴》时,我以为这只是一本普通的自然文学类的书,直到我真正读了之后,我才发现我错了。

　　全书从一个荒废的、远离社会的小镇开始写起,共四个部分。第一部分是"一个沙乡的年鉴",描写了沙乡一至十二月不同的自然风光,刻画出一幅幅美不胜收的画面,让人感觉仿佛置身其中。在第二部分"地景特质"中,描写的都是作者曾经生活和工作过的地方。作者几乎游历北美大陆,有观察,有历险,也有痛苦和教训。(*"观察""历险""痛苦""教训",四个词,概括力强。*)第三部分"乡野的秘密",既描写了优美的自然风光,也表达了作者对人类无休止地破坏的谴责和担忧之情。在第四部分"结论"中,作者提出了"土地伦理"这个概念,他认为要保护土地,最关键的不是政府,而是土地的使用者——农民,只有他们通过土地伦理来约束自己的行为,才能真正达到目的。否则,保护土地只是一句空话。

　　从利奥波德的这本书中,我学到了三个词:感受、平等和尊重。我们要用平等与尊重的眼光去看待世间万物,如果我们的眼光不再高高在上,也许就会有一种新的感悟,会发现生命原来是如此美好。就像我们会发现一直被人当作害鸟的麻雀原来那么可爱——黑溜溜的小眼睛、毛茸茸的小身子……所以,我们首先要做的就是去感受,用平等的眼光去发现自然的美,去融入自然、爱上自然。这样,我们也会像利奥波德那样,为野花的开放而喜悦,为鸟儿的歌唱而动情,为橡树的倒下而伤感……

　　但是现在的我们又是怎么做的呢?(*由书本到现实,这一过渡很重要。*)

　　在这个向"钱"看齐的时代,那些繁华都市中的人,又有谁会去关心一朵不知名的花，或者是一种不起眼的小生物呢？又有谁能停下自己的脚步，去融入大自然呢？又有谁能舍弃自己的欲望呢？我们被财富和地位蒙蔽了双眼，习惯于忘记过去惨痛的教训，只顾着满足自己的欲望而忘却了真正的生活，仅仅是生存。而在偏远地区，人们饿有所食、寒有所衣，脚踏实地、辛勤劳作，这样简简单单"活着"才是真正的生活吧。（用词有点儿过激，但可以感知到作者的激愤。）

我们所做的一切，都是为了我们的安全、繁荣、舒适、长寿和平静。为了自己，我们不断残害其他生物，使得一片片原本充满生机的绿地变成荒无人烟的沙漠。利奥波德说："这个世界的启示在荒野。大概，这也是狼的嗥叫中隐藏的内涵，它已被群山所理解，却还极少为人类所领悟。"的确，正如作者的一篇随笔——《像山那样思考》——所说的一样，我们缺少像山一样简单的观察、辩证的思考，缺少对事物的历史和未来的考察与预见，缺少山那样的智慧。但山的智慧，要么被我们忽视，要么我们难以看懂。所以作者深深叹息："这个意义，大山早就明白了，可惜太多的人依然不明白。"但这种"依然不明白"，早已让我们在昨天付出了代价，而且让我们在今天还在付出代价，同时也将让我们在未来付出更多的代价。在一个速度越来越快的年代，我们真的应该慢下来，暂时离开一下高速的车道，像大山一样，静静地思考一下大地的事情，思考一下我们明天的事情。（现实的"快"与应该的"慢"对比，耐人寻味。）

利奥波德在书中向人们呼吁："在人类历史上，我们已经知道（我希望我们已经知道）征服者最终都将祸及自身。"作为自然的一份子，我们应该从身边的小事做起，做到人与自然的和谐发展。同时，也应铭记曾经的惨痛教训，不要让那样的悲剧再次发生。

点评

题目取得好，利奥波德提出"土地伦理"这一概念，而本文作者把文章题目拟为《土地的诗意与伦理》，突出"诗意"，让人更加感觉土地的美丽。《沙乡年鉴》一书中警句的引述与阐发，显示着小作者由书中的美好及忧思所激发出的对现实的思考，很可贵。

别让爱迟到

——读《目送》有感

◆学校:嘉兴市城南中学　◆作者:李奕鑫　◆指导老师:周梦笑

> 错失太易　爱得太迟
> 我怎想到　她忍不到那日子
> 盲目地发奋　忙忙忙从来未知
> 幸福会掠过　再也没法说钟意
> 爱一个字　也需要及时
> 只差一秒　心声都已变历史
> ……

　　每当听完古巨基的《爱得太迟》时,都会想起我很喜欢的一本书——《目送》。(引入喜欢的歌,联系喜欢的书,很好。)当我读完龙应台的《目送》时,似乎感觉自己过完了人生。热闹、寂寞、无奈……无数种真挚情感的交织融汇,成就了这本散文集——《目送》。

　　在龙应台的《目送》里,描写了许多的身不由己:父亲的逝,母亲的痴,子女的走。("逝""痴""走",高度概括《目送》篇的内容。)而她作为他们最亲近的人,却什么也做不了,只能看着他们的背影,一次次地消失在那个转角……

　　"最是人间留不住,朱颜辞镜花辞树。"以前的我,理解不了目送中的深意,但随着我的成长,身边人的老去,才慢慢地理解。小时候,外婆经常会送我上学,那个时候的她,步伐矫健,精神焕发,晚上也还会去跳跳广场舞,岁月好像特别优待她。可是现在,她得了重病,每天就只能躺在病床上,哪有之前那样的神采奕奕?而我,除了在电话中说些苍白无力的安慰话语之外,连一个小小的拥抱都做不到……(写外婆的今昔对比,表达自己深切的愧疚。)

　　漫漫人生路上,总归会有过不去的坎、越不过的关,可是随着我们的成长,跨过那些障碍,就剩下了自己。每当我们回头远望时,依旧会感觉到那些温暖的目光在追随着我们。

　　也不知道是哪篇文章说过:"谁也敌不过时间,跨不过想念。"在看《满山遍野茶花开》的时候总有一种揪心的感觉。少年时,父母目送着我们成长,为我们的人生保驾护航。可是等到年岁渐长,父母的白发与皱纹也越来越多,慢慢地,他们说的话也会不如从前连贯,腿脚不如从前利索。是的,我们要有勇气目送他们到人生的最后……可是在那之前,我们不如给他们多一些注视,多一些拥抱,就像小时候他们对我们那样。别总是觉得时间还很多,弹指一挥间,眼睛一睁一闭,有可能就是一辈子……

　　别让我们的爱迟到,别等到"子欲养而亲不待"时,才发觉自己是错过了多么美好的一段时光……(篇末点题,叩击心扉。)

点评

　　本文的题目取得好,"别让爱迟到",一个呼吁温暖了读者的心。《目送》内容丰富,涉及多方面的生活,小作者撷取感受最深的"父亲的逝,母亲的痴,子女的走",选点好。外婆身体康健、对自己照料周到的往昔与而今枯卧病床之比,父母如今日渐苍老与往日年轻之比,这些是能深深叩击每一个读者心灵的。

当童年已成往事
——读《琦君散文:粽子里的乡愁》有感

◆ 学校:海宁市第二中学　◆ 作者:贾飘玲　◆ 指导老师:金小锋

　　孩童时代的她,痴痴望着那个小乞女离去的方向。"我没这福分",小乞女的话让天性纯善的她恍然心酸良久。

　　年少的她,在上海求学,捧着母亲的信,落寞地坐在凄清的月光下,穿上母亲为她织的毛衣,心中淌过丝丝暖意。

　　中年的她,伴着大男子主义的丈夫,在柔和的灯光下翻翻找找——急性子加上健忘,她的日常用物常常不知去向,而她的丈夫就担任她的小侦探。

　　老年的她,半倚在门前,秋风吹乱了她的鬓发,心却清清闲闲,像是悟出了生命哲理,也只觉着前路"柳暗花明"……(排比段,凝练地概括全书内容。)

　　琦君的散文总透着淡淡的愁思和思念,每每翻阅,总觉面前坐着位故人,娓娓道来那些散落在时间深处的故事。而那些轻小的细节也总与回忆重叠,带起一股童年的桃子香,往事淡淡地流动在眼前。(诗意的文字,引出下文的精彩。)

　　"喂! 快别采了,你奶奶来了!"

　　"怕什么? 我家的树,采几个又咋啦?"

　　高高骑在桃树上的我,裤子被粗糙的树皮磨得毛毛的,那看着像果冻似的树脂涂得我满身都是,我学韩剧里的男主角斜着眼,酷酷地叼个随手拔来的狗尾巴草,俯视着发小。

　　"你会被骂的,我不管你了。哼,我走了!"发小气恼地离开了。

　　而我依旧不知天高地厚地坐在桃树上,手里提了个红色的篮子,里面满是桃子——青色未熟的桃子,当作过家家用的水果,可现在发小走了,用不上了,我随手从中挑了一个,"咔吱",味道清苦,涩涩的桃香充斥口鼻。

　　这时奶奶终于到了树下,手里拿着一个扫帚,"农同我拉特来!(土话,即你给我下来)"耳边传来发怒的吼声,吓得我手一松,篮子掉了,桃子滚得满地都是,连叼在嘴里的狗尾巴草也掉了,而奶奶看着满地青桃又心疼又气恼,用扫帚追了我一路——当然,我跑得快,一下也没打到。("桃子香"的往事,细节清晰。)

　　嘴角浅浅勾起,却也是引得一份惆怅,就像琦君再也没有机会偷喝妈妈酿的春酒,那个骑上桃树采青桃的女孩也已成往事。可琦君啊,你是否舍得那偷喝过无数次的春酒,那一块块亮晶晶沉甸甸的大银元和那满是回忆的故乡老院?是否也像我一样舍不得那个采青桃的女孩?(两个问句,是心灵的叩问,是成长的留痕。)

　　在琦君的散文中,我学到的更多是放下,是接受,也明了时光如白驹过隙,若真死死拽着往事,必然会错失更多的风景。

　　当童年已成往事,我坦然接受成长。我知道,那些金子般的岁月也将永远被镌刻在记忆的深处。

点评

　　题目"当童年已成往事"含蓄而有悬念,到结尾点出答案——"我坦然接受成长"。开篇用排比段统揽全书,后文择取童年往事这一点将自己的"桃子香"往事与琦君书中的童年往事类比,有面有点,"面"显出读得全,"点"显出读得细、读得深。

寻找爱的能量

——读《我想和你在一起》有感

◆学校:海宁市狮岭学校 ◆作者:韩凌翼 ◆指导老师:徐　岚

母爱,是这人世间最圣洁的爱,默默付出,但又不求回报。季羡林老先生曾在《怀念母亲》一文中说过:"一个缺少母爱的孩子,是灵魂不全的孩子。"(恰切的引用,增强文章的分量。)是啊,没有母爱,就像一列火车在轨道上漫无目的地前行。可想而知,母爱的情意是何其绵长。近日,我读了一本书,题为《我想和你在一起》,故事紧紧地扣住了我的心弦,让我对爱有了一个新的认识。

故事的主人公秦小琲和大多数人一样,是一只不起眼的"丑小鸭",可她却有个长得帅、令大伙儿羡慕的爸爸。唯一的遗憾是,秦小琲从没见过妈妈,甚至连妈妈的照片都没看过。她无数次向爸爸问起妈妈,爸爸告诉她,在她还没满周岁的时候,妈妈离开家去了法国。现在,小琲就快成为一个中学生了。在过去的日子里,没有妈妈的陪伴与呵护,她觉得自己比别的女孩笨好多,她盼望妈妈出现,带给她智慧与幸福,于是她开始依靠自己的力量寻找妈妈。她发微博,到处打听,搜寻所有关于妈妈的线索……

终于有一天,她妈妈回来了,她叫舒亦楠,那么美丽,那么温柔,小琲顿时觉得自己是世界上最幸福的女孩。然而,就在她快乐地享受妈妈带来的幸福时,意外像潮水一般一波又一波袭来。秘密如同结了痂的伤疤,一道一道地被揭开(生动形象而又显得有些残酷的比喻。):原来这个美若天仙的"舒妈妈"并不是自己的亲生母亲,原来每天跟她朝夕相伴的爸爸也是假的,原来自己只是一个弃儿……小琲无助极了,她几近崩溃,觉得全世界都在对她说谎。但是,当小琲得知事情的真相后,她终于敞开心扉,学会接纳和包容这个美丽的谎言。她真切地感受到了来自"舒妈妈"内心深处的爱,这种无私的爱已经超越了血缘。终于,在妈妈即将离开的时刻,小玮坦然地对她说出了"我想和你在一起"这句话。简单的渴望,毫无保留的爱,小玮如愿以偿,和妈妈在一起了。（对书本内容的叙述篇幅偏长,但对于一本不太有名的书,还是显得有必要。）

合上书本,我的心涌起了巨大的波澜,这样一份让人唏嘘不已的爱足以感动任何人。小玮无疑是幸福的,因为她有一对爱她的父母。为什么我们都有两只手呢?相信每个年龄段的人都会给出不一样的答案。小学生回答:吃饭的时候,一只手捧碗,一只手拿筷子,相互配合才能把肚子喂饱;走路的时候,两只手一前一后摆动,身体才会平衡;看演出的时候,双手能制造掌声,给人鼓励和赞美;过生日的时候,双手合十许下心愿,好运就会降临。大学生说:因为猿有四肢,进化后后肢变成了双腿,前肢就变成了双手。而幼儿园的小女孩却是这样告诉大家的:一只手要拉妈妈,一只手要拉爸爸。那为什么我们都只有一颗心?小学生鬼灵精怪地回答:有了两颗心会打架的,一颗说快点儿写作业,一颗说还是先玩吧。大学生笑着说:因为我们都在寻找和等待另一颗心。幼儿园的小女孩想了大半天,噘着嘴巴不知道怎么回答。（不同年龄段不一样的答案形成对比,凸显对"爱"理解的生动。）

一只手要拉妈妈,一只手要拉爸爸,多么的动听婉转。这回答来自一个尚不清楚心为何物的幼儿园小女孩。而这颗对"心"的概念一无所知的心,才是最真最纯的心。一手紧握妈妈的爱,一手紧握爸爸的爱,这是两份分量相当却又意义不同的爱,缺失任何一份,成长都将面临失衡,或许就会变得黯然失色,变得异常艰辛。不管呵护还是苛刻,不管来自血缘还是非血缘,妈妈的爱、爸爸的爱结合在一起,才是一份完整的爱。品味着秦小玮身边爱的同时,我明白了:爱,不遥远,它其实就在我们成长的路上,因为有这两份爱和我们在一起,牵我们双手,暖我们心灵,呵护我们成长,给予我们在这个纷繁世界拔节成长的勇气和信心。

于是,我们有了幸福的幼年,有了幸福的童年……有了足以支撑我们一生的爱的能量。

点评

父母之爱,与生俱来,但世间总是有缺失部分父母之爱的单亲孩子,也有完全缺失父母之爱的孤儿。《我想和你在一起》是一部不深却能触发亲情体验的书,本文作者身在父母之爱的幸福中,很显然地,通过阅读此书,会倍加珍惜生命中的这份深切的爱。

悦读锦囊

　　我把阅读分成有用的阅读和无用的阅读。所谓有用的阅读就是为了拿一个文凭,为了在社会职业中提升自己的阅读。这种阅读当然是重要的。但是,比这更美好的境界是无用的阅读,就是为生命、为成长的阅读,它不见得能直接给你一个文凭,不一定给你专业的技能,但是它能让你的心灵变得辽阔。

——于　丹

身边亦有奇人

——读《俗世奇人》有感

◆ 学校:海盐县实验中学　◆ 作者:褚云起　◆ 指导老师:庄波波

　　《俗世奇人》这本书写的是生活在天津卫这个水陆码头上的各种奇异人物,比如说医术高超的苏七块,力大无穷的张大力,认牙不认人的华大夫,还有钓鱼能手大回。在冯骥才的笔下,他们一个个都展现了各自的神奇之处。他们都有自己独特的长相,比如说苏七块他"红唇皓齿,眸子赛灯,下巴儿一绺山羊须,浸了油赛的乌黑锃亮"。每个人都有特有的手艺,比如说泥人张他"台下一边看戏,一边在袖子里捏泥人。捏完拿出来一瞧,台上的嘛样,他捏的嘛样,只是只有核桃大小"。他们还有自己独特的规矩,比如说苏七块他"无论贫富亲疏,必得先拿七块银元码在台子上,他才肯瞧病,否则绝不搭理"。他们还有迥然相异的个性。(长相、手艺、规矩、个性,四个方面概括奇人之"奇"。)这些都验证了《俗世奇人》中"奇"这个字。在冯骥才幽默的笔触下,在他们的神奇背后,我默默品味,感悟到看似平凡的世界有时候并不平凡,感觉普通的人其实并不一般。在他们的人生经历中,我品味到了人世间的善与恶、真与伪的交锋。("交锋"一词用得好,写出了"善""真"在俗世中的不易。)

　　虽然这些故事已经离我们有上百年之久,但是在生活中只要细心观察,我们身边也是有奇人的。(从书本到现实生活的必要过渡。)

　　在生活中,我也看到过一个像"蓝眼"一样的人。她是一个小学老师,但是她玩石头的时间比教书的时间还长,而且这是她从小的爱好,她的生活在玩石头中充满乐趣。我听过她开的一场题目叫"饰尚人生"的讲座,她让大家了解石头的品种,又教大家区分真假货的方法,还讲了自己玩石头的故事。不过她和"蓝眼"比起来也有差距,"蓝眼"一看就知道古画是真是假,可是她呢,有的时候一些实在不能确定真假的石头，要用一些专业的设备来判断。现在造假技术越来越高超，社会越来越需要这种人。

　　我爷爷是一个退休的工人，没读过书，但他的本事十分高，他做电工和泥瓦匠都可以。原先我家庭院里没有铺地砖，爷爷就用建房子后剩下来的花岗岩铺了地面，铺得平平整整、花色参差，比请来的泥瓦匠铺得还好。我们家最近把以前的井填了，又挖了一口新井，接下来，问题就来了，怎样才能把租客那些洗东西用的污水排到污水管里呢？不过这难不倒我爷爷，他在地上开了一个槽，里面放上一根管子，然后再用水泥把切开的花岗岩一块一块地拼起来，严丝合缝，又变得跟当初一样了。我爷爷还是一个十分好的电工，厂里碰到一些比较难弄的电路问题，老板都会叫我爷爷去帮忙。爷爷退休了，老板还是竭力请他回去再干几年。虽然爷爷不认识字，但是他拿把尺子东一量西一量，算起来比厂里的工程师还快。如果他当年读了书，那么他现在应该是一位技术高超的工程师了。我十分佩服我爷爷。（照应段首，强调没有读书而能有"奇艺"，堪称奇人。）

　　在我们的生活中也有许多奇人奇事等待我们去发现。就像艺术大师罗丹说的，"生活中并不是缺少美，而是缺少发现美的眼睛"。今后我也想像冯骥才先生那样写下一本书，讲述我身边人的故事。

点评

　　本文高度概括《俗世奇人》中的"奇人"特点，由书本中的奇人触发联想生活中自己熟悉的两个奇人——玩石识石的小学老师和没读过书却做精电工、泥水匠活计的爷爷，这是不错的写法。只是奇人得到奇能的原因没有写明，文章就比较单薄。

人生不过一场目送
——读《目送》有感

◆学校:海盐县实验中学　◆作者:苏欣瑶　◆指导老师:朱佩娟

"我慢慢地,慢慢地了解到,所谓父女母子一场,只不过意味着,你和他的缘分就是今生今世不断地在目送他的背影渐行渐远。"

"你站立在小路的这一端,看着他逐渐消失在小路转弯的地方,而且他用背影默默告诉你:不必追。……"

每每看到龙应台的这些话,心中便涌起涟漪。她,面对儿子的离开,父亲的逝去,失败、脆弱与忧伤,深邃、美丽但坚强。龙应台用笔尖写下了一场场离分,(用"离分"比通常所用的"分离"要好,表达出离别分开的意思。)一场场再见,再也不见……

《目送》作为这本书的第一章,龙应台笔下所描绘的生活的点滴,仿佛在我眼前若隐若现。她第一次送儿子去幼稚园,那时候的她是儿子的天;与儿子在机场告别,她目送儿子的背影渐行渐远,独自咀嚼着那份落寞。但她发现,她的落寞来自另一个背影,火葬场,目送父亲的离去……

人在面对离别、生死的时候往往格外敏感,但龙应台笔下的文字,却总让人产生共鸣。一个个背影,一次次目送,留下的是长存的落寞。"不必追",看到这三个字,瞬间勾起了我心底最深的感伤。"不必追",三个字深深刺痛了我的眼睛。是不是目送他离开,到灿烂的远方,就是所谓的爱;是不是花开花落总有时,就是所谓的刹那永恒;是不是再没有与你共赏窗前的落花,才明白所谓的离分……

时间是一双藏在黑暗中的温柔的手,在你不经意间,物转星移。

不知从何时起,我也变得像文中的儿子那样,与父母的交流少之又少。面对他们的嘘寒问暖,脱口而出的是一句"我很好";面对他们的细心陪伴,脱口而出的是一句"不需要"。会不会有一天,我的父母也会目送我的背影而尝到无尽的落寞。小时候,总爱缠着妈妈讲故事,买东西总要问问妈妈哪个更好看,总要在她的臂弯里入睡。可一切的一切,仿佛都是一曲繁华过后落入大海的尘埃,渺小得微不足道。时间走了,我变了……(今昔对比,显出成长的轨迹。)

当我开始变得有独立的思想时,当我开始变得不愿意接受父母的管束时,是不是也像我看到"不必追"时那样同样刺痛着父母的心灵?(反问,叩击心灵。)

有些事,只能一个人扛;有些关,只能一个人过;有些路,只能一个人走……

这是龙应台对自己的安慰,但却让每一个父母与孩子因之产生共鸣!

读《目送》,我明白了即使昨天的背影再忧伤,也要用现在填补落寞。

读《目送》,我明白了时间飞逝,即使物是人非也要笑对生活。

读《目送》,我明白了人生不过是一场目送。(排比段,集中抒写阅读的感悟。)

一场目送,思绪纷飞……

点评

读《目送》,明白了人生不过是一场目送,作者读出了人生的伤感与无奈;读《目送》,明白了即使昨天的背影再忧伤,也要用现在填补落寞,作者读出了对现在的珍惜;读《目送》,明白了时间飞逝,即使物是人非也要笑对生活,作者读出了坚强。

生命有裂缝，阳光才照得进来

——读《愿你与这世界温暖相拥》有感

◆学校：海宁市高级中学　◆作者：陈李佳　◆指导老师：王火金

"灰绿色的茎被冰冻塑得坚挺起来，剑一样指向苍穹。葵叶像一把把翠绿折扇，风雪打磨掉了表面细密的茸毛，比平日更加细腻鲜活。只是叶片僵硬如不会飘扬的旗，隐隐露出网络般纵横的叶脉。小小的花盘脆得像黄玻璃，刚刚长出极不成熟的葵花子，如同婴儿初萌的幼齿。看得久了，竟泛出晶莹的紫色，好像稀薄的血液。"这是来自毕淑敏《愿你与这世界温暖相拥》一书中的文字，一如她的名字，朴素，温婉如水。（把书名比作人名，又说人名温婉如水，比喻新奇。）

读毕淑敏的《愿你与这世界温暖相拥》，再一次感受到她温暖冷静、平和亲切的风格，她的文字总能给心灵以安定，给灵魂以升华，其中蕴含的光明与力量震撼人心。在这本书中，毕淑敏从多角度地阐释自己对世界的看法、对生命的领悟，让我们跟着她去聆听、去思考生命的真谛。（从文字的风格、作品的思想这两方面总括下文。）

在成长的过程中，充满着种种心酸，总会有一些残酷的现实，让我们在某个阶段对世界丧失信心。我们就像毕淑敏笔下的那只蚕，吐出丝来缠住自己，茧是我们亲手营造的小世界，茧的空间虽是狭窄的、相对安全的，但当我们沉浸其中的时候，感受到的也是习惯成自然的熟络。蚕破茧的时候是需要有一股洪荒之力的，打破茧的蚕，被鲜冷的空气、闪亮的阳光、尖锐的声音、陌生的场景等刺激着、扰动着，紧张的挑战接踵而来。（抓住感受最深的——那只蚕——来谈感想。）我们往往也熟悉于已有的各种习惯和生活环境，这些习惯性的东西让我们感觉到安全、舒适，一旦环境有变化、工作出现新的挑战，那么这股"鲜冷的空气"就会给我们带来不安，甚至会造成恐慌，以至于面对生活时，我们会变得手足无措。家庭的变故、学校的改变、身体的病痛、考试的失误……处于这些时刻的我们,退缩心理随之而来,但是我们都需要打破层层束缚,迎接陌生的环境,拥抱崭新的未来。很多人终生困在自己的茧里,也许只有等到生命结束的那天,他们才会恍然发觉,世界只是一个茧,而自己未曾真正生活过。所以,我们要选择破茧而出,逐渐挣脱茧的束缚,踏上坎坷的路。在这条布满荆棘的成长道路上,逐渐学会了看懂人心。有些人的心是钢铁造的,沉黑无比;有些人的心是用冰雪造的,高洁酷寒;有些人的心是丝绸造的,柔滑飘逸;有些人的心是用竹子造的,坚韧无比;而有些人的心是用谎言造的,千疮百孔。(连续五个"有些人的心",内容丰富,有气势。)

心需要用一辈子去雕琢。心的规模可以很大,容得下一个国家;可以缩得很小,小得只能容纳下一个家。(大与小,形成对比。)但是一缕风就可以把它粉碎了,谎言,就让它痛不欲生,纵使现实的残酷令心遍体鳞伤,但这终究是必经之路。(这句话写得不通顺。)当你感慨命运对你的不公的时候(直接写成"当你感慨命运不公的时候"是不是更简洁?),当你为接踵而至的工作烦恼的时候(写成"当你为工作的烦恼接踵而至的时候"是不是更通顺?),偶然间发现其实身边有比你过得更艰辛的人,他也在努力追求自己的目标,纵使遍体鳞伤,却从未放弃,看到身边的人都这么努力的时候,你还有什么理由去放弃自己?当你对世界绝望的时候,可曾想过这原本就是世界的本来面目,而每个人一直都在这么生活着,而且努力活得很好,只是你发现得太迟太迟。当你有一天累了,放弃了对世界批评的时候,将自己的身心安置在最好的状态下,才能变成一缕柔纱,与这千疮百孔的世界温暖相拥。(两个"当你……时候",句式整齐,内容丰富。)

人生的旅程是心灵的洗涤。毕淑敏的旅行文字,让久久困顿在城市中的人,领略到了一个不一样的世界。诸如写加勒比海的水,蓝到令人晕眩。"如果你久久地凝视着海水,就会断然生出潜入它怀抱的欲望。如果有一天你到加勒比海,无论海水多么美丽湛清,你也不能目不转睛地探身望着它。加勒比海是有魔力的,会温柔地吸附你入海。"给人震撼的是毕淑敏的不丹之旅,原来真有这样一个国家,人与人之间单纯交往,不用为医疗和教育发愁,你也可以因要回家陪家人吃饭而停止工作,平静地说:"下午两点半再来吧。"这个国家把幸福看得无比珍贵。此刻,文字带来的视觉刺激与探险游历,唤醒了记忆深处的出行因子。(这段文字结合具体的文本,没有空言,写得好。)

掩卷沉思,感叹毕淑敏能在纷繁的生活中,用智慧的双眼和内心,采撷那些生活的珍珠,能把那些看似矛盾、混乱的问题解决于无形,她的卓见、坚持都似一股清泉流淌于读者心间。书中有很多对于生活的热情与思考,或许这正是我们所欠缺的。她教我们如何坚定地踩在大地上,与生活握手言和地走下去。(拟人的笔法,是学习毕淑敏吧? 毕老师是和这个世界温暖相拥,你是与生活握手言和,不错!)此刻,非淡泊无以明志,非宁静无以致远。也许这正是毕淑敏给世界温暖的拥抱。

点 评

　　作者应该是个爱读书、爱思考的人吧! 文章写出了自己的真实感受,文脉清晰,先写总体感受,又结合具体的文字——蚕、加勒比海,来写自己的感想,结构安排得很合理。作者的语言也比较洁净,比喻、排比、拟人等手法运用得比较自如贴切,这是很可贵的。中学生作文容易犯堆砌辞藻的毛病,作者一上手就能避免这个问题,也是很不容易的。

守住那片海
——读《肖申克的救赎》有感

◆学校:浙江海盐元济高级中学　◆作者:王语嫣　◆指导老师:翁　洲

当法律在他威严的、至高无上的宝座上给你判处无期徒刑,当你和死亡之间只剩下单调得恐怖的时间时,当抗争、呐喊和血泪只能换来冰冷的铁栏时,你还会挣扎着,像泣血的鸟儿一样高歌希望吗?

希望,在时间面前,显得多么虚伪、无力。当那帷幕拉开时,万种邪恶狰狞地出场,当全世界弃你而去时,还会有希望幸存在某个角落吗? 多少向善的祈祷被深埋在泥土里,腐烂于黑暗中;多少清洁的愿望,最终自我崩溃,一头扎进污秽的暗流,万劫不复。在那些铁窗下月光凄惨的空气里,多少罪恶在沉睡、在酝酿,或者蠢蠢欲动。绝望令人窒息,在这被抛弃之地。(诗化的语言,极写肖申克监狱的黑暗。)

但是你听,那寂静的夜里,有那么一点儿微弱的抗争之声,一点儿一点儿,石锤剥蚀着墙壁。(巧妙结合原有剧情,此笔可实解,亦可虚解,一点儿一点儿的石锤剥蚀,是光,是星火。)他是个囚犯,但他不属于这里,他属于墨西哥的海滩,属于那些需要重新上漆的破船,属于那间未知的时空里有着同样破旧门板的杂货店。他不属于这里,不属于这里。一遍一遍,执着而不疯狂。只有自己能听见,这声音微弱得极易消散,却又响亮得如同浪花击拍海岸,响在心中的那片海。

他是安迪。他本该穿着西装,而不是囚服;他本该受人羡慕、尊敬,而不是遭人唾弃、欺辱;他本该在公园里散步,而不是在监狱里背负子虚乌有的罪名。对于命运强加给他的玩笑,他接受,再用二十年的时间彻底摆脱。经过二十年非人的生活,他,还是安迪,一样安静,一样追求美。浸满慢性毒药的岁月只在他的发间添了白雪,而没有能够在他心中留下一丝冰霜。(浮沉而持本色者,世间几人?)我无法想象安迪的内心有多强大,只能肯定,他一定从未放弃自由,本该属于他的自由。他不属于这监狱，自始至终不属于。他刚开始踏入就开始摆脱。(将安迪与监狱割裂，使其带有恒定的自由的光辉。)二十年的几千个夜晚里，他凿开牢笼，挣开束缚，一步一步通向自由，通往那片浪声响在地底、在天空、在每一个角落的海。(海的象征意味显现，是自由，是希望，是逃脱，更是注定的到达。)

"有些鸟儿是永远也关不住的，因为它的每片羽翼上都沾满了自由的光辉。"安迪的动人之处在于：忠于自己，坚定而不癫狂。老囚犯布鲁克斯是肖申克监狱中受人尊敬的老好先生，作为图书管理员，他有着不同于其他囚犯的安定环境。监狱于他，已成一个屏障。所以当他即将被假释时，不惜试图再次犯罪，只为留在那里。但他终究走向了真实的世界，一个在五十年中变化得面目全非的世界。而他也终究在那自由的世界里消失——布鲁克斯终于没能够忍受角色的变换，忍受离"家"的痛苦，悲惨地用一根绳子结束了自己的生命。因为帮典狱长做事，安迪本也可以获得像老布那样的身份，在监狱中"安度一生"，但他始终没有麻痹自己，忍辱含垢地匍匐向那不易得到但本该得到的真正的自由。(采用对比论述，证明安迪忠于自我。)

每个人的生命里，都难免会被人冤枉、误解、指责。有人破罐子破摔，有人妥协退让，但也有人高昂着头，平静地接受再尽力解决。"从善如登，从恶如崩。"(引用恰到好处，安迪为了逃脱而做的长期努力，正如攀登一样难熬。)愤怒和羞耻容易压倒一切，变坏简直太简单了。但是忠于自己，修复、维护那缥缈的希望，简直难上加难。你要守住那片海，让风吹起帆。你要修补破船，涂上美丽的色彩。你要吸满咸咸的新鲜空气，尽力去飞。你要守住那片海。

"在这世上，有些东西是石头无法刻成的。在我们心里，有一块地方是无法锁住的，那块地方叫作希望。"

守住那片海。海上星星点点的，是鼓满了风的希望的风帆。

点评

文章围绕"海"这个意象来写，文气贯通，这一点非常值得学习。长篇大作如何写成有个性的读后感，基本的一点就是要有一个独特的切入点。本文前面虚写为主，后面实写，勾画了安迪的人物轮廓。文末对"海"这一意象进行拓展，力图构建个性的深度思考框架，这样的尝试值得肯定。

淬 炼
——读《骑鹅旅行记》有感

◆学校：海宁市紫微高级中学　◆作者：周烨晧　◆指导老师：徐湘琴

　　瑞典作家拉格洛夫的《骑鹅旅行记》，讲了一名叫作尼尔斯·豪格尔森的"熊孩子"因为自己的傲慢自私贪玩被小精灵变成了一个"精灵男孩"大拇指的故事（这句话太长了，不符合汉语习惯。）在他骑着家鹅旅行的途中，他遇到了很多的人、很多的事，最后"熊孩子"变成了礼貌懂事的乖宝宝。这是一本关于成长的书。而我更愿意把这段旅程称为一种"人生的淬炼"。

　　百炼成钢。只有经历过高温及重锤锻造淬炼的铁才能成为坚韧的钢，而在这本书中对于"淬炼"一词的解读是丰富的。

　　从家养到野外独活是生存能力的淬炼。（总摄全段。）刚变成小精灵的尼尔森是惶惑不安的，他虽然因为淘气经常受到训斥，但是至少有爸爸妈妈遮风挡雨，得以衣食无忧，而成了小精灵，他很可能不再得到"家"的认可和庇护，丧失"人"的资格，他怎能不忧惧？然而在走出"家"去向"野外"之后，男孩在家鹅的翅膀底下睡觉，吃着自己抓来的鱼，待在树上与斯密尔比意志力，双手被冻僵，锉断钢丝解救高尔果……他经受住了生存能力的淬炼，和大雁们在一起生活得十分和谐，甚至都不急于争取恢复"人"的一切了。（本段显示出作者很强的复述能力。）

　　而与这个形象形成映衬和加强烘托效果的就是家鹅的形象。（上段写尼尔斯，这段谈家鹅。）年轻蠢笨的家鹅不安于"院"，一心想证明"一只家鹅也能干出一番事业来"，头脑一热就跟着大雁们旅行去了。它经受的第一个淬炼是体力，它从"感到疲倦""掉队""下坠"到"和别的大雁飞得差不多快"，就是一个承受淬炼到成钢的过程。阿卡说"快点飞比慢慢飞省力""飞得高比飞得低省力"，就是告诉我们，对自己更高的要求，拼尽更多的力气去完成它，成功的概率反而更高。所以，经受淬炼不仅是个体力活,也是个技术活。反复经过锤打的人更有经验。

学会说"不"是一场心智的淬炼。(又写尼尔斯。)旅程的开始就是因为尼尔斯选择了拒绝,拒绝小精灵强加给自己的命运,他要找回"人世间的一切":和别的孩子玩耍,继承父母的小农庄,找到一个愿意嫁给他的姑娘。旅程初始,他拒绝撒谎,以自己的真诚打动了雁群,让他们拒绝了思维陋习,接受了自己这个异类。后来,他拒绝了渡鸦的蛊惑,不仅没有跟大学生交换衣服,让别人变得跟他一样糟糕,而且还帮留级生找回了书稿,经受住了淬炼。他一次次的拒绝,让我们看到了一条淬炼之路,而他经受住了,一直在成长。

他路上遇到和听到的那些人和事,也在说明这个道理。家鹅拒绝安逸的生活,选择了为了梦想而一飞冲天;出色的大学生拒绝昧着良心生活,整日为着别人丢失的书稿发愁;高尔果甚至拒绝遵循自然规律,只愿与从小一起长大的玩伴们和平共处,在被捕获后,终因之前的善因,为男孩所救,重新在蓝天中自由飞翔……他们都让我们看到了学会说"不"之后的成长。而绿头鸭雅洛经受不住美食的诱惑,成了"阶下囚";长工拒绝不了猎物的诱惑,猛然开枪,反而丢失了诱饵;渔夫经受不住美色的诱惑,藏起海豹皮,强留仙女在身边,只得到了心爱之人的叛逃……他们则告诉我们学不会说"不",在人生的道路上只能一直栽跟斗。(抓住感受最深的写——说"不"。)

卡尔先生在神秘花园里无时无刻不在辛勤劳作,无法得到一刻的休息。这个故事本身就是一个巨大的隐喻:人生就是一场接着一场的淬炼,无法休息。能经受住的孩子,自然能锻造成钢,让自己的人生成为一座美丽的花园;而那些经受不住的,只能是老样子。

我想《骑鹅旅行记》要告诉我们的就是这样一个成长的故事:要心怀梦想,要坚韧不拔!(总结全文。)若是我们能多对自己说几遍,那么我想那些因为一次失败的考试或是一次长者的训诫就放弃自己生命的事情就会少些!(最后这个长句最好写成短句。)

点 评

文题为"淬炼",很有概括力,可见作者确实读出了自己独特的体会。文章结构比较清晰,从"淬炼"的丰富含义——独立、学会说"不"——这两方面来写,文章显得很有条理。中间写家鹅的一段，主要是用对比的写法来分析的，如果放到后面，结构会更合理。作者行文，有些语句的结构比较复杂，最好用短句来写，这样才符合汉语的特点，看来作者的语言还是需要"淬炼"一番的！

悦读锦囊

每当读书读到乐处，其他的苦恼和困难也就不那么困扰你了，自己对人生的疑惑也慢慢化解、慢慢看开了。书上的世界让你眼界打开，让你可以提升自己的思想高度和深度。

——金 庸

我书架上的神明

◆学校:浙江省嘉兴市第一中学　◆作者:冯启文　◆指导老师:张秋红

宋诗云:"长壕无事不耐静,若非织绡便磨镜。"(以诗切入,自然引出下文。)

杨万里笔下"耐静"二字,让我想到了自己这十多年来的读书经历。

我并不是个读万卷书的人,在这卷帙浩繁的浩瀚书海中,我甚至连千万分之一都未能真正领略。但十多年中我也有点不尽之思,自以为善感和耐静就是作为一名虔诚的信徒在书籍面前该有的气质。我想,读书人是幸福的,因为他有机会与大师亲近,向他心目中的神明顶礼膜拜。

每个人的心中都住着一个孩提时代的自己。童话,一直是我心底最深处的一尊神明。能像《小王子》这么打动人心的童话并不是很多。与其说它是童话,不如说它是给大人看的作品。充满诗意的忧郁、淡淡的哀愁,用明白如话的字句写出了引人深思的哲理。圣埃克絮佩里的文字很干净,甚至可以说是纯净,看上去却很简单,用他自己的话说,《小王子》是写给"还是孩子时的列昂·威尔斯(一个大人)"看的。

小王子说:"使沙漠如此美丽的,是它在某处藏了一眼泉水。"也许我们可以将它简单理解为:使生活如此美丽的,是我们藏起来的真诚与童心。

这是小王子的秘密,是阅读的秘密,只有用心才能感受眼睛看不见的本质的东西。生活何尝不是如此呢?(从阅读深入到对生活的思考,拓展了文章的视野。)

汪曾祺先生的女儿描述父亲全神贯注时的样子是"直眉瞪眼地坐在沙发上,像要生蛋的鸡"。我想,这就是浸润,无论是一个作者,抑或是一个读者,每天都会有类似"直眉瞪眼"出神的时候。

高更曾说,塞尚作画用眼,瑟拉作画用脑,卢梭作画用幻想,而凡·高作画用心。我想,真正的读者,既要用眼、用脑、用幻想,更要用心,用自己善感而耐静的心去贴近白底黑字深处的温度，去贴近作者脉搏的每一次跳动。

那时，我书架上的神明才会真正成为心底深深敬仰的神明。那是有着托尔斯泰贵族气息的舒展与从容，是陀思妥耶夫斯基一生蹭蹬的紧张与急促，是普鲁斯特心灵间歇的追寻与倾注，是塞万提斯笔下堂吉诃德中世纪骑士的浪漫与豪情。一切都变得鲜活、变得永恒了。（排比的使用，使"读书"这一主题更显深度。所举事例也较新颖。）

我有时读书也爱探究其情理及格物。初中时接触到花间词派词人温庭筠的诗词，其中一首《菩萨蛮》经老师旁征博引供我们赏析。"小山重叠金明灭，鬓云欲度香腮雪"一句中的"小山"之义引同学们热议。我们大都以为应当是屏风上的山，但老师及部分同学又给出另一种解释：说是眉样形似小山浓淡重叠，后来又去探查，却又发现沈从文先生则以为应当是发鬓上的小梳子重叠闪烁的形象。但最终究竟是如何，竟不得而知了，可谓"千古之惑"。然而读书之一大乐趣，就在于这旁征博引和不断猜想与思考中。神明之力，穿越时空，每每在书中看到罗卡角上"陆地在这里结束，海洋从这里开始"的碑文时，你可曾想象过那时的葡萄牙是怎样雄心勃勃开拓海洋的吗？（体现了一定的学术研究精神，丰富了"读书"的内涵。）

我依然在追寻，我转过了一架架书，这些浓重的书卷味有如清晨那样静谧，似浣纱女洗净的轻纱那般清新，充满虔诚的意味，就像报时的古老大钟那样闲适，那样一丝不苟而又高瞻远瞩。

那是我书架上的神明。

点评

本文以自己的读书经历作为切入口，不仅谈及了某本书，更展现了作者对书籍的一个整体认知。同时，作者又尽力在避免文章空洞无物，通过精心选择一些事例加以具体论述。用词上也有较多斟酌。

文明哀歌
——读《云图》有感

◆学校:嘉善高级中学 ◆作者:何 苗 ◆指导老师:宋 婕

　　我仍不能从书本中跳脱出来,四百八十六页的文字最后还是辗转成歌,跨越了生死,跨越了种族,跨越了时空,奏响"云图六重奏",悲怆、嘹亮,而余音绕梁。(三个"跨越",有力;一句话概括阅读感受,简洁。)

　　这是一个关于人类文明的轮回的故事,六名有截然不同的出身、性格、职业的主人公,从封建黑人奴隶制中走来,历经社会的发展、科技的进步,最后还是逃不过人类的自我毁灭。最终生态破坏,疾病肆虐,仅存的夏威夷原始部落仍是一片弱肉强食的奴役景象。轮回。(结句二字,有力。)

　　是什么造就了这一切? 人欲。(两字结句,有力。)

　　无论是十九世纪的南太平洋,还是后末日时代的夏威夷,历史总是惊人地相似:大航海时代的医生利欲熏心,将医德抛于脑后,想方设法夺取律师尤因身上的财物,甚至心生杀意;老作曲家对穷酸年轻作曲家罗伯特威逼利诱,抄袭其才华;二十世纪,石油大亨竟为利益不惜雇用杀手,企图引爆核反应堆;在反乌托邦的未来,国家控制升级的克隆人来反抗自己,只为引起纯种人的愤怒,使他们彻底沦为奴隶。(这一段文字包括四个分句,有概括力。)

　　叔本华说过:"欲望过于剧烈和强烈,就不再仅仅是对自己存在的肯定,相反会进而否定或取消别人的生存。"是的,在这个物欲横流的浮躁世界,人性的贪婪与欲望被激发到疯狂的状态。纯真的感情在哪里? 永恒的善意何处寻?(两个问句,令人警觉。)人们的一个眼神里,夹杂着太多太多的复杂成分,为了蝇头微利,腐败和压迫在暗地里悄然滋生。社会的进步和科学的发展都不过是障眼法,文明由落后走向极致鼎盛之时,人欲不会因时代的变迁而消失殆尽,反而如吹气球一般膨胀得越来越大,以摧枯拉朽之势毁掉一切。(这个句子有些拖沓,建议多用有表现力的短句。)

书中的星美说:"我相信死亡只是一扇门,当它关闭时,另一扇就会打开。如果我想象不出天堂,我会想象那扇门打开了。"而在另一扇门背后,却是一个美丽的旧世界。(好一个"美丽的旧世界"!)那里剥去了城市光鲜亮丽的外衣,底层的人们偏安一隅,尽管身无长物、衣不蔽体,但"生存"这一个单纯的愿望却使他们始终如一。

穷人永远不计较得失,富人却会因一点点的损失而乱了心智,迷失了方向。(对比鲜明。)

过度推崇与放纵欲望是愚蠢的,在涉及金钱和地位的人生抉择面前,在道德和欲望间进退维谷之时,纯真和理智就显得尤为重要了。(深刻。)"酌贪泉而觉爽,处涸辙而相欢。"就如同麦田里的守望者,谙知喧嚣繁华背后不过是一场虚空,"虔诚地守护着我们心灵中那一块精神的园地,一直珍藏着我们所看重的人生最基本的精神价值"。

无休止的欲望是文明哀歌,在这宏大而又光怪陆离的世界里,浩瀚星辰,斗转星移,众生渺小,蜉蝣一瞬。(这句写得真好。)或许多年以后,还会有一个律师为废奴制奔走呼号,还会有一名记者为保护信息源不惜冒着生命危险去斗争,或许还会有一名老人"绝不会向暴力犯罪屈服"而飞越疯人院。(排比有力。)这即是轮回,折射于世,且受制于亘古不变的人性,并随着花开几度,延续着。

点 评

作者善于阅读,善于表达,字里行间流露着自己的切实体悟。结构天成,语言洗练。故直接附上指导老师评语如下:"文章处处闪耀着智慧的光芒。作者从阅读的原初感受谈起,结合自己的生活体验,融入了自己的理性思考。文笔老练,行文流畅,思想深邃,颇见文学功底和思考深度。在这自我迷茫、价值模糊、道德危机的年代里,作者—— 一个高三的孩子,为我们吹来一阵理智与清醒之风。"

寄槛外人

（本文仅据《红楼梦》前八十回及曹公所埋伏笔而作）

◆学校:浙江省平湖中学　◆作者:徐郑佚　◆指导老师:金　中

姐姐:

　　素听得人说你放诞诡僻,不合时宜。我知道,姐姐是迫于无奈,带发修行,囚己于栊翠庵而尘缘未断。（一句话概括妙玉,可见作者读得深而细。）

　　姐姐你出身仕宦之家,心气孤傲也难免。从被请到大观园起,你的悲剧已是不可避免。这个大观园,它见证着姐姐带着聪慧的灵气,从情的萌发,到情的夭折。（抓住一个"情"字。）

　　"不知太高人愈妒,过洁世同嫌",虚伪污浊的境况下,你的灵魂在悄悄挣扎。姐姐正如庵里的梅花突破风雪,无论是为了寻找一个心安的归宿,抑或是因跃跃欲试的情愫,在礼教条规之下,你找到了一个细小的洞口。（比喻极有表现力。）

　　于是,姐姐小心翼翼地开始了第一次行动。你拉着薛姐姐和林姐姐去吃体己茶,真诚相邀的背后,是姐姐日夜盼其来访的人——宝玉。宝玉来了,姐姐拿出两个名贵的茶盏与了钗黛,却"仍将前番自己常日吃茶的那只绿玉斗来斟与宝玉"。我素知姐姐有洁癖,前着姐姐不收刘姥姥用过的成窑杯,又要用水冲刘姥姥站过的地,而这次却与了宝玉自己的茶盏。可见姐姐虽厌弃尘世却尘心未断。（紧扣小说的细节来分析人物,言之有物。）

　　姐姐虽觉自己小心,敏感的林姐姐又怎会不察觉。故而等宝玉在芦雪庵联即景诗落第被罚向姐姐乞梅时,林姐姐拦着要跟去的小厮。我起先觉得疑惑,林姐姐怎会如此大方地让宝玉独自去与对他有意的姐姐相处。后来我明白了,林姐姐知道姐姐你虽愤世嫉俗、孤傲倔强,却也只是一个柔弱的女子,更是一个俯身于情的小女子。（一口一个"姐姐",何等亲密!）

再看宝玉乞来的梅花："只有二尺来高,旁有一横枝纵横而出,约有五六尺长,其间小枝分歧,或如蟠螭,或如僵蚓,或孤削如笔,或密聚如林,花吐胭脂,香欺兰蕙。"这是梅花,这更是姐姐!(这个结论有力!)怎奈宝哥哥这呆子,未解其中味。姐姐按捺不住自己的痛苦,于是在宝玉诞辰,你又亲书"槛外人妙玉恭肃遥叩芳辰"试图提醒宝玉。这张粉笺又是姐姐主动表白真心,而这呆子,依旧没能体会!(惋惜之情溢于言表。)

当别的姐妹即使多年后落魄也有可回忆的美好,而姐姐只能愈加带着悲愤颠沛流离时,姐姐是否会怨当时的宝哥哥不懂你的心? 也许会吧,毕竟他埋了你最后一个洞口。(扣到前文的"洞口"比喻。)又也许不会吧,毕竟他和你一样,处于这风雨飘摇的黑暗社会。谁又能怨谁呢?

清池皓月,姐姐听得好笛,想来以为宝哥哥也在此,便有无尽的思念牵引着你到这岸边。所至却无宝哥哥踪影,不免哀伤寂寞。池面皱碧铺纹,姐姐诗兴大发,堪堪地把三十五韵联完,真个是"气质美如兰,才华馥比仙",让林姐姐直呼"诗仙"。不过这诗中自然难掩情思、自嘲和幻想。

无奈夹缝中的爱终归要夭折,炽热的爱恋终归要和深处的理智纠缠。(两个"终归",整齐有力。)姐姐,世难容又如何,振作起来,我愿与你共对身陷泥淖的痛苦,共对寒刀霜剑的孤独。

槛内人徐郑佚谨拜

点评

作者以书信与妙玉对话,形式新颖,有创意,直把妙玉做知己! 文章紧紧扣住《红楼梦》叙述本身,所下结论有着具体的文本依据,令人信服。作者文字简洁有力,语言表现力明显超出一般的中学生,大概源自平时多读、多写和多思吧!

性无私，爱无痕

——读《摆渡人》有感

◆学校:浙江省平湖市当湖高级中学　◆作者:江弋帆　◆指导老师:宋敬波

如果命运是一条孤独的河流,谁会是你灵魂的摆渡人?（以提问开篇,发人深思。）

英国作家克莱儿·麦克福尔通过《摆渡人》这一心灵治愈系小说带我们进入了一个不一样的世界……（简洁地引出本文所介绍的书,回应开头,承接自然。）

迪伦,一个单亲家庭成长的女孩,在生活的逼迫下,踏上了看望素未谋面的父亲的征程,却又发生了交通事故。当她逃出火车残骸时,她以为整列火车中唯一的幸存者是她,她认为上天还是眷顾她的,她还天真地以为自己只是走错了路,只要再走回去就会看见救援的大部队,就会看见自己的亲生父亲来找她,然而正处于花季的她,其实是事故中唯一的死者。而他,长相英俊潇洒,冷冷的眼眸之中还似乎透着一丝让人愿意相信的安全感,冥冥中早已注定,她无条件地相信他——崔斯坦,她灵魂的摆渡人。他们给彼此带来了不同的惊喜。一切的一切显得如此不可思议。命运,从他们相遇的那一刻开始,发生了无法预料的转变……（讲述故事发生的起因,语言流畅自然。）

当她得知自己已经死亡,现在的自己只是个灵魂,不用吃饭、不用睡觉、不怕苦不怕累的灵魂时,她表现得很冷静,不因为别的,只是觉得不能给自己的摆渡人添麻烦。这么无私果敢的女孩在与摆渡人一起历经艰难险阻、前往彼岸的路上却产生了那万万不该有的爱情……对于一个摆渡人而言,情感是多么奢侈的东西啊! 作为一个摆渡人,看尽生死离别,只能存在于此岸与彼岸之间,当死者的灵魂到达彼岸时,他与灵魂的故事也就画上了句号,而动情只会伤害到自己。知道结局的他,内心煎熬着,知道自己爱她,却又不敢表达,知道她也爱他,但只能选择视而不见,这样的矛盾心理无时无刻不在折磨着他。他欺骗她,默默爱着她,只愿能将她安全送到彼岸,不受恶鬼与厉鬼的迫害……(细腻刻画灵魂与摆渡人之间复杂矛盾的感情。)

生活如此多娇,我们也要像迪伦一样热爱生活,勇于面对挫折,不抛弃不放弃,相信自己,相信自己命中的那个摆渡人……曾经,我也有心情低谷的时候,那时的我因为学业,因为家里的长辈,总是对生活提不起兴趣,与其说我在过生活,还不如说我在混日子,整天浑浑噩噩的。直到遇见了她,一个开朗而有原则的女孩,她总是那么热心,给我带来满满的正能量,考试过后她会安慰我,心情不好,她会给我讲笑话,尽管笑话很冷,但我的心却是热泉涌动……就是这样的她,把我从黑暗中一点点拉出,一点点带给我希望。可以说,她是我摆渡生涯中的迪伦,带我跑出麻木的荒原;也可以说,她是我的摆渡人,平安地保护我到达充满希望之花的彼岸。人生如戏,戏如人生,许多不可思议的故事情节,也许就在你的身边换了一种方式绽放……(从书中情境过渡到现实中,通过描述自己与女孩的故事,展现了生活中的摆渡人。)

"如果我真的存在,也是因为你需要我。"

的确,"摆渡人"的存在是社会的需要,是时代精神的需要,但是,作为一个摆渡人要牺牲的实在太多太多……从某种角度上说,摆渡人也象征着这个世界上每一个为着自己的使命默默奋斗的人,他们早已忘却自己的出身,他们默默付出,舍己为人,为了自己的使命割舍了太多太多。像那些研究原子弹的科学家,他们的工作是保密的,瞒着自己的亲人,为了祖国的复兴,为了祖国的强大,为了整个国家,牺牲了自己的小家、自己的情感;也像那些抗洪救灾的英雄,冒着生死未卜的危险,救出了一个个人;更有保家卫国的烈士,为了国家牺牲自己宝贵的生命,换来下面一代代的安宁。生活中这样的例子还有好多,"摆渡人"就是这样一个无私的职业,它震撼着我们的心。(列举与"摆渡人"类似的职业,表达内心由衷的震撼,也提升了作品的意义。)

然而,这个故事打动我的不只是摆渡人的无私,还有迪伦与崔斯坦爱的勇气。(巧妙转折,引出下文。)

虽然她隐隐猜到了结局,但她还是选择了肆无忌惮地去爱,她想,只要努力就一定会让梦想开花结果。他知道迟早会分别,知道是不会有结果的,但爱是自私的,他不愿看见自己的冷漠继续伤害她,也不愿看见她被恶鬼欺负,在这无尽的荒原中过着与恶鬼斗争的日子,那样的幸福他宁可不要,故他忍着痛把她骗去了彼岸。看着心爱的人在到了彼岸之后,无助地呐喊着自己的名字,他的心是那样地痛,但这个世界有太多的身不由己和无能为力,他也没有办法选择自己所爱,只能听从命运的安排去摆渡下一个灵魂。就连他自己都不知道自己是什么时候出生,已经摆渡过多少个灵魂……(感情积聚达到高潮,继而迸发,两人追求爱情之勇敢与终难成眷属令人叹惋!)

虽然过程充满艰难险阻,但作为一部心理治愈系小说,一部救赎人性的巅峰之作,麦克福尔给我们留下的还是一个幸福美满的结局。她,不屈从于命运的安排,与上天作斗争,逆天而行,放弃在极乐世界与逝去的亲人安居乐业,而是重新走回了那片布满狰狞恶鬼的荒原。不一样的是,这次没有摆渡人保护她,只有她自己孤军奋战,在茫茫的小光源中找到曾经属于她的那一个小光斑,面对困难,她迎难而上,只为寻找心中所爱。皇天不负有心人,她找到了他,他们抱着同生共死的决心,一起去追求自己的爱情,逆天而行,她复活了,可是身边没有他,但她执着地相信他也在。再次的相遇是那么地令人感动。(读者还未从两人悲剧的叹惋中解脱出来,却又被告知两人在历经千辛万苦之后拥有了圆满的结局,情节一波三折。)迪伦与崔斯坦的爱情让我明白要勇于与困难作斗争,要珍惜自己所爱,为所爱付出,会换位思考,记住别人对自己的好,忘记自己对别人的好,这才是所谓的爱无痕。轻轻地让爱流过我们的心底,让爱无痕……再次相遇的结局虽然只有简单的两句话,却深深地牵动了我的心。也许克莱儿·麦克福尔的笔就是这样地别具匠心,让人意犹未尽。

"嗨!原来你在这里。"

"我在这里。"

点评

在读后感的写作上,此文有三点特别值得学习:第一,引用书中经典语句。作者化用了书中情感浓厚的语句,使读后感与之紧密相连;第二,多处运用过渡性标志词,比如"的确""虽然"等,针线绵密,转换自然;第三,结合自身实际,描写了"我"眼中的摆渡人形象,朴实真切。本文如能在后半部分有更多提升会更有纵深感。

做一个精神明亮的人

——读《精神明亮的人》有感

◆学校:浙江省平湖市当湖高级中学　　◆作者:林晓健　　◆指导老师:毛其华

　　合上王开岭的《精神明亮的人》一书,我感触颇多。

　　有人说王开岭的文字有一种温润的金属感,有一种磁性的光芒,确实如此。王开岭以其敏感、深邃、明亮又干净的笔触,向我们娓娓道来他对于人生、社会以及自然的看法与感悟。在他众多的散文篇章中,留给我印象最深刻的,莫过于第一辑的第一篇《精神明亮的人》了。(简洁明了,开篇直入。)

　　"我拼命工作,天天洗澡,不接待来访,不看报纸,按时看日出(像现在这样)。我工作到深夜,窗户敞开,不穿外衣,在寂静的书房里……"这是十九世纪的一个黎明,福楼拜在巴黎乡下一栋木屋中给女友写的一封信中的一句话。王开岭称其童心未泯,更盛赞此举代表了一种生存姿态,昭示着一种热爱生活的理念,一种生命哲学和精神美学。是啊,在广厦林立、车水马龙的这个时代,我们已经有多久没有去看一次日出了呢?(选择"日出"入文,更富有文学性。)

　　太久了。我们的生活大抵有两种姿态,一种姿态是在闹铃的嘈杂声中睡眼惺忪地醒来,洗脸刷牙,然后机械地开始一天的学习或工作;另一种则是搂着被子在床上度过漫长的时间,与手机、电脑为伴。我们安于这两种姿态,抑或是束缚于这两种姿态,欲出不得且徒劳无功,这是我们的人生该有的状态吗? 答案是绝对否定的。在我看来,这种状态,无疑会使童心加速衰老,更是对生命的一种亵渎。(换角度,对社会现状进行剖析。)

　　我们的生命的姿态,应是俯仰于天地之间,恰似仰望一次波澜壮阔的日出,轻触一片晶莹剔透的霜花,并为此发出由衷的感叹与赞美。(号召有力!)

　　去抚一次霜花吧!(祈使句开头,热情洋溢!)怀揣着好奇生活,且携着孩子般的纯真与好奇,生活在这个世间。海子有言:"活在这珍贵的人间,太阳强烈,水波温柔。一层层白云覆盖着,我踩在青草上,感到自己是彻底干净的。"太阳、水波、白云与青草,善于发现生活中令人心动的每一刻,去探究,去追寻。无论是人文还是自然,从最平凡的事物中发现神奇与美丽,一卷书籍充盈着人生,一朵野花点缀着生命。

去看一次日出吧!怀揣着朝气生活。一天学习或者工作的伊始,应该辅以朝气蓬勃的信心与激情,再配上完整周密的计划,以及有条不紊的行动。拒绝叹气与埋怨,以叹气和埋怨开始的一天,注定是无所收获的一天。"我饮的是抱负酒,服的是幻想药,所以我会永远朝气蓬勃。"高尔斯华绥曾经这么说过。生活不仅仅有眼前的苟且,更有诗和远方。当下的我们,确实有着沉重的学业,可我们,同样有着幻想与抱负,渴望着熠熠生辉的远方。(以上两段说理清晰,情感充沛!)

且让我们,像王开岭,像福楼拜,像梭罗(前文宜有所论述。)一样,做精神明亮的人吧!

点 评

本文有较高的立足点,号召我们追求一种精神的高度,文字优美,布局合理,文采斐然又引人深思,值得借鉴。作为读后感,如能多些与作品内容切实结合的文段,针对性会更强。

无 变
——读《战争与和平》有感

◆学校:浙江省嘉兴市第一中学　◆作者:全向洋　◆指导老师:於　利

　　两百多年前,东欧和西亚的人们在炮声中迎来了十九世纪。人人都在嘴里谈论着波拿巴逆党或者拿破仑皇帝,人人都踮着脚尖擎着高脚杯,在大厅中扭着热辣的波兰舞。(擎着高脚杯还能扭着波兰舞?这技艺也太高了吧?)十九世纪的俄国是一片喧嚣的闹市,没人知道何时脚下的土地会成为火炮的祭品,何时裙摆会撕裂,灯光会破碎。可能是今天,也可能是明天。托尔斯泰就于这时在平地卷起了一阵风,风中硝烟与血色糅合,高贵与低贱一同出演,这个古老的民族也悄悄迎来了蜕变。

　　这阵风的起始,是一个明媚懵懂的姑娘,她让我想到林间跃动的小鹿,或是含在口中痒痒酥酥的提拉米苏。(这两个比喻用得好。)她叫娜塔莎,在那个沉重的年代,她的热情、纯真和活泼显得有些出格,故事的一开始她就爱上了年轻的军官鲍里斯,后来在偶然相识中,与安德烈公爵坠入爱河,可是火焰般跳跃的她又背叛了安德烈公爵,投入了阿纳托利的怀抱。正当我们被少女内心的瞬息万变弄得有些失望之时,托尔斯泰却慢悠悠地在幕布后面叫了暂停。

　　托尔斯泰的卓越,在于他能用冷静的白描编织出或错综或火热的变数,编织出永恒的未知,人物在永恒的未知里又走向注定。正如美丽的雌鹿也逃不过森林的大火,当拿破仑的铁蹄踏进俄国国土,随之而来的战争阴影黯淡了娜塔莎的明眸,硝烟熏黄了她的黑发。("黯淡"和"熏黄"很生动。)她再也不能骄傲地做她的公主和社交场上常艳的一株红玫瑰了。如今她跪倒在安德烈的病床前,"脸色发白、嘴唇肿胀"地痛苦忏悔。最后她嫁给了彼埃尔,成了最普通的家庭妇女。粗看下来,作者似在塑造一种巨大的翻天覆地的改变,铁蹄将娜塔莎的青春踩在脚下,剥落了她的万丈光芒,云端的女神忽然被拉下凡尘,好像是在控诉战争的暴虐无道。可你静下来再去看她的一生,云卷云舒之间,沧海桑田背后,似乎还藏匿着太多不变的东西,埋在平实的文字之下。字符带我们阅尽了娜塔莎的一生,带我们阅尽了战争所改变的一代人,可又偷偷把那些"不变"的种子扎入了我们心底。这些"不变",包括宽容,包括悲悯,包括爱。是这些不变铸就了变——是索菲娅的宽容,彼埃尔的悲悯,安德烈的爱,让娜塔莎从虚无中破茧成蝶,她心中"真正的爱"钻出束缚了她多年的外壳,穿透浓烟,像一泓泠泠泉水,涌流至我心中。

托尔斯泰对"变与不变"的把握是残忍而温柔的。他曾躬身陇亩,把自己深埋地底,用身心体悟这个世界;又把自己放到上帝的高度,不着情感、不动声色地用笔娓娓道来这整个的时代。旁人看来,或许他太过冷峻,对他笔下的人物太不近人情。("他对笔下的人物太不近人情"更通顺。)但若你有心细观这每一个人的每一段路,或许充斥着疼痛、迷茫、无可奈何,充斥着比黑夜更暗的时光,可托尔斯泰赠予他们更多的,是某一刻的悸动、不自觉流露的善意和一点点累积的顽强。远比绝望更深沉的,是这个时代的人们在绝望中的真情。在这个善变的世界里,还有那么多人能守着他们的不变,带给别人不变的信任。(建议改成"给别人带来永恒的信任"。)这不是最大的仁慈吗? 这不正饱含着作者最深最深的厚爱吗?

我读到男主人公彼埃尔与娜塔莎告别时的情景,他嗫嚅着组织笨拙的词句:"明天,不,再见,再见了!"他形容邋遢,我仿佛处在娜塔莎的视角,看着他一秒一秒地在视野里缩小,成了豆子,成了灰尘,最后消失了,扬尘滚滚。回头时眼里蓄满了泪水,原来不变的一直在那里,它是人心,可贵的人心! 任他再卷入上百场战争,任他王朝更迭上千次,任他再经历上万次别离,高贵的人性总如汩汩清流,哪怕穿越恒长的时间,它也会到达人们心间!(排比有力,感人。)

小到一个马蹄钉,大到库拉金、别祖霍夫、保尔康斯基和罗斯托夫四大家族的兴衰荣辱,托尔斯泰都泰然把他们摆上这个宏大的舞台,压迫与反抗、战争与人性、黑暗与光明,这些他都传达了,但又似乎不尽是。有人把它定义为时代的呐喊,其实,一切尽在不言中,书中的人们,早已用一生完美诠释了。无须出声,更无须呐喊,我想作者想说的,都在这一幕幕变与不变之中与读者的灵肉交织了。该反抗什么,该致敬什么,什么是人性,什么又是真正的永恒,都在《战争与和平》这面镜子里,映射至每个人眼中。托尔斯泰把最深沉炽热的爱给了这部作品,注入每个人物的灵魂,泼洒在书中的一草一木上,而他想说的无变,也穿越百年到达了我这个普通人这里。"战争"与"和平",自古以来就没有变过吧?

再伟大的戏剧也终将落幕,舞会不再,裙裾不再,观众各自离场,只是"无变"生根发芽。(运用比喻,形象。)

明天风雨不定,今日各自珍惜。(对比,隽永。)

点 评

皇皇巨著《战争与和平》,彪炳千古！一个中学生能够阅读这样的作品,已是难得,何况作者读出了真正的感悟——变与不变。本文语言力求鲜明而生动的表现力,一些修辞运用得也很好,可是由此也导致了一些问题:片面地追求效果,刻意地运用一些词句,减弱了基本意思的表达。中学生写作,不可片面追求辞藻,最重要的是把基本的意思表达清楚。

请相信,这世界本没有那么糟
——读《愿你与这世界温暖相拥Ⅱ》有感

◆ 学校:嘉兴市第五高级中学　◆ 作者:蒋一凡　◆ 指导老师:张　彦

　　"生活可能不会像你想的那么美好,但也不会像你想的那么糟!"(抓住感触最深的一句话。)因为这世界本就是不完美的,我们不过是顺势而为! 毕淑敏用最质朴真诚的文字,记录和诉说了世界的温暖,流露了她对生命独一无二的体验和对生命刻骨铭心的感悟,表现了她对生活一如既往的热爱!

　　这种朴实、毫无修饰的文字如同一缕清风,(比喻贴切。)穿梭在燥热喧嚣的世界里,适时地降温,拂去浮躁的尘土,留下一份安宁的温暖。在竞争极为激烈的时代里,学生埋头苦读,许下对未来的期盼和承诺;奔波于各个岗位的上班族,身心俱疲,只为打拼一个看不见的明天。他们都觉得这个世界只有冷酷的竞争,稍有不慎便会被淘汰出局,万劫不复。阅读毕淑敏从容、不受羁绊的文字,以敏锐的视角洞察世界,将寒冷的冰雪融化为温暖的溪流。(这句看似华丽,实则不通。建议改为"毕淑敏的文字从容、不受羁绊;她以敏锐的视角洞察世界,她的文字能将寒冷的冰雪融化为温暖的溪流"。)在她眼中的世界已被削去了高高在上的棱角,文字里流露的只有亲切、温和、美好的本质!

　　她所讲述的故事尽显生命的千姿百态,跌宕起伏的情节使我跟随她进行了一次心灵的旅行。在美国的某个小镇上,住着一位老奶奶,她对世界充满了好奇。为了种出纯白金盏花,她耗尽一生,倾其所有,待她满头白发之际,纯白金盏花灿然开放。而后那位老奶奶坚信她可以种出黑色的金盏花,可是至今还没有人看到它的开放,是因为这世界上再也没有像她一样执着坚持的人了。有人嘲讽她一生只为一朵纯白金盏花,等她培育出来,园林专家早已培育出了许多年,那朵金盏花早就失去了意义。可我并不这么认为,因为毕淑敏曾说过:"人生最精彩的,不是实现梦想的瞬间,而是坚持梦想的过程。"结果固然重要,但走向彼岸的过程,才会彰显你一生的辉煌!

一位外国老人始终坚持用他初恋女友的生日数字购买彩票,背后的原因我们不得而知。也许那本就是一场没有结果的恋爱,但却呈现了老人几十年来始终如一的渴望爱情、追寻本心的生活态度!一位女白领为了返璞归真,追寻真正的自己,而辞去了工作。有人会说这根本不值得,但我想说的是,人生的重大决定是由心规划的。真实的自我并不等于否定从前的一切。有些东西失去了还会再拥有,有些东西迷失了就再也找不回来了!一位修路工人在雪灾中遇难,在生命的最后一刻,他倾尽全力为妻子和孩子留下了这世上最美丽的遗言——"我爱你!"我们在极其微小的生活细节中寻找感动,以温暖心灵底部最冰冷的地方。

如果我们换一个角度去看待坎坷曲折、欲哭无泪的过去,也许会得到安然宽慰的心情;如果我们换一个方向走出迷茫的青春期,也许会感受到"柳暗花明又一村"的释然;如果我们换一种方式去拥抱没有结果的恋爱,也许会获得去面对去原谅生活诸多刁难的勇气!(排比有力。)正如毕淑敏说的,"生活不可能像你想的那么美好,但也不会像你想的那么糟!"(回扣开头。)既然如此,我们为何不与这世界温暖相拥呢?

点评

文章抓住阅读中感受最深的一句话,笔力集中,易于驾驭。从毕淑敏的文字联想到一系列的事情,足见作者是个善感的人。可能是因为初写说理性的文字,作者刻意运用一些关联词,导致个别句子读起来不顺口,这是初学说理文写作常有的问题,应该引起所有同学的注意。

无 声
——读《无声告白》有感

◆学校:嘉兴市第五高级中学　◆作者:秦慧娴　◆指导老师:陈桂春

　　我开始读《无声告白》,是被它封面的这句话吸引的——"我们终此一生,就是要摆脱他人的期待,找到真正的自己"。(开头简捷。)

　　好像现实中就是这样的,我们身上怀揣了太多父母未实现的梦,就像这本书里的老二莉迪亚,她要像她的父亲詹姆斯希望的那样,在学校里成为一个受欢迎的人,可以交很多的朋友,而不要像他自己年轻时一样,因为是个中国人而被当成异类,变得与周围格格不入。但是詹姆斯不知道他的女儿已经因为一头黑发而被疏远,因为母亲布置的学习任务不得不拒绝那些少数邀请她的人而没有了朋友。(这两句话写得太长,换成短句可能更好。)所以,后来她会在詹姆斯走到楼梯口的时候假装在跟同学通电话。她要完成她母亲玛丽琳晚了八年最后仍未实现的医生梦,每天被要求看各种各样她不喜欢甚至讨厌的书。她只能说"是的"。但是她的母亲玛丽琳不知道她的女儿面对她每天的要求都会说"是的"绝不是因为真的喜欢,(这句话简直让人读不下去,别忘了:汉语是以短句为主的!)而是为了能让母亲高兴,让母亲不再离家出走,不再抛弃他们。所以,后来她会隐瞒自己物理不及格的事实,假装在学校学习,其实是和杰克出去发泄。(好像作者特别偏爱"所以"这个词,读起来别扭。)独生子女对于这个可能会有所感受,父母的所有焦点都在自己一个人身上,被压得死死的,喘不过气来。

　　可能大部分人最像的还是老大内斯,父亲要求他进哈佛大学,因为他的父亲因为种种原因而无缘哈佛,(一句话中有两个"因为",累不累?)他需要他的儿子完成他的这个梦。(建议改成"他要儿子完成这个梦",语言不精练。)而内斯一心想要他的父母从妹妹莉迪亚身上分一点儿注意力给他,所以他努力地去做,最后拿到了哈佛大学的录取通知书，可是换来的不过是一声惊喜，之后他的父母便被莉迪亚坦白的一个真相"吸引"了过去，好像这个家里从来就没有这个刚刚成为哈佛大学新生的内斯。(有些啰唆。)我上初中的时候，我的父母就对我说："你要好好学习，以后就不用像我们一样那么辛苦地干活了，要……"我心里也明白，也努力地去做。可是无论我做得多好，取得再大的成绩，他们也只会是一副严肃的表情，然后对我说："不要得意，也不要觉得这很满意，这个世界上有那么多跟你竞争又比你优秀很多的人，你还需要做得更好。"在不理解的时候会把这句话当成是激励的话，可是当它每次都在你耳边响起时，你会慢慢觉得，父母的心里似乎有一个怎么也填不满的缺口，像是汪洋大海，像是广阔天空，更像是浩瀚宇宙。(使用的人称要合适，这里最好用"我"，不用"你"。)

《无声告白》这本书主要是围绕莉迪亚的死而展开的回忆，作者伍绮诗开篇就写道："莉迪亚死了，可是他们还不知道。"这样的开头会让你陷进去，你很想要弄明白莉迪亚为什么会死，最后的真相也是让人唏嘘的。她只是想要一切都重新开始，不要再背负她父母对她的期待，她来到最初让她惧怕的湖，水。她想要尝试去战胜它，可是却再也回不来了。她的父亲似乎知道什么，但也只是内疚。她的母亲自欺欺人地认为，是报纸上的绑架案，最后翻了莉迪亚的房间才认清事实，她的哥哥只是一味地怪罪于杰克，只有她的妹妹汉娜知道的最接近真相，她是这个迷糊的家里唯一清醒的人，她看穿了一切。

我最认同的是这句话："当它意识到自己犯下的错误时，已经太晚了。它挣扎扑腾，然后沉陷，最后淹死。"我们也要一开始就知道自己到底想要什么，摆脱他人，做最真的自己，不要到最后也是"挣扎扑腾，然后沉陷，最后淹死"。

点评

文章开头结尾紧扣作品，简捷有力。能联系自己，写出自己的感悟，结构比较清晰。作者的语言还欠简练，有些语句写得太长，表述繁复，读来很别扭。要是作者写完后能多读几遍，一定会发现这个问题。中学生写作文，经常存在这样的问题——写了之后不读，句子写得不通顺。练习写作，一定要边写边读边修改。

遇见生命的辽阔

——读《愿你与这世界温暖相拥》有感

◆学校:嘉兴市第五高级中学　◆作者:徐　婷　◆指导老师:吴田文

生在粗暴简单的世界,内心要保持柔软安宁。热爱生活,感恩生命。(开头简捷有力。)

本书的作者毕淑敏,是我树为榜样的女性,我希望自己能成为她那样平实温和的人。当然,我们互不相识,这只是我从她书中感受到的。但我认为,从作者的文字中能看出其真实的想法与生活态度。

论文章,她写得并不华丽,没有漂亮的词句,没有精致的修饰,文字算不上精美,可是她的文章有一种正能量,字里行间都隐含着对生命积极的鼓励,粗粗读下来不觉得怎样,可是情绪会觉得很安定。她鼓励你感受生命的正面,慢慢地引导你的思维往正确的方向去。人心情沉郁的时候会很想看她的文字,因为可以感受到生活也还是拥有很多美好。我们就像一只蚕,硬生生地被自己的丝缠住。而这时候,一个抽丝人所用的抽丝方法,就显得尤为重要了。(这个比喻很好,如果推敲润色一下,会更有表现力。)她总是温暖柔和,给人一种积极向上的感觉。

《愿你与这世界温暖相拥》收集了毕淑敏多年来的散文,是当之无愧的"心灵鸡汤"。也许很多人会对此类文章不抱好感,每个人的人生不尽相同,对于某事的态度也不可能相同,为何要用他人走过的路,来切断我还没有闯过的天地?(能否不用"切断"这个词?换个更贴切的词来对应"天地",可能更好。)鸡汤只能补身体,不能根治百病,这点我们很清楚,但是在大部分情感问题中不知道如何处理,或者身陷其中孤立无援时,可能需要这样一种看似正确但实际无法操作的解决方法。不是沉迷于鸡汤本身,而是跳出迷局看现实。鸡汤给你的鼓励,需要被毫无保留地转化为动力。

有那么一段时间，我成绩优秀但并没有付出许多努力，父母老师对我也是百依百顺，可谓光鲜亮丽，好不自在。于是我在这样的环境里继续自负地生活，于是原来是优等生的我，也逐渐走到了中等偏下。无法直面这段落差，也无从知晓为何会存在落差，对别人突然改变的态度恨之入骨，却没有从自己身上找找原因。可惜的是，我现在才慢慢发现，只有努力才能够接近成功，而多年以来养成的坏习惯也已经入骨。改变很难，更令我无法接受的是，如果改变还是不能成功的话，会被归结为能力有限，或者优秀只是昙花一现。*(上面这句话很别扭，换成短句可能就清楚了。)*于是，我心安理得地把自己归到了劣等。

　　"优等的心，不必华丽，但必须坚固。"这是我在本书中读到的最珍贵的文字。在改变的时候选择犹豫不前，这是心灵不够坚强的表现：我害怕再次失败带来的副产品。我还没有把最好的努力给这个世界，又能奢望它给我什么反馈呢？所以我没有任何时候比现在更渴望付出努力，我也不再害怕会失败了，因为惧怕失败的本质原因是没有一颗优等或者希望成为优等的心。而我现在要做的，就是坚持热爱生活，无限接近优等。

　　可能这也是作者想告诉我们的，怎样能活得更好，怎样遇见更好的人生。大谈人生也不为过，因为我们也总是梦想着未来的自己，*(因为……也……，这样说话多别扭。)*诚挚的期盼也总是被现实的生活浇透了冷水。每个人都会有自我排解的方法，或一蹶不振，或浴火重生。而此书教给我的是，如何坚持踩在大地上，持续热爱生活，与它握手言和地走下去，*(要么说"与它握手言和"，要么说"勇敢地走下去"。)*遇见生命的辽阔。

　　在一个渐渐安静的黄昏，一杯香茗，小窗幽竹，席地而坐，慢慢流逝掉一个晚上，沉淀一份生命的凝重。

点评

　　开头结尾简捷有力，富有表现力，给人以深刻的印象。结构安排合理，陈述性的语言写得不错；可是有很多说理性的语言读起来费力，甚至不通，说明作者这方面的语感还需要加强。说理的文字，不只是借用几个"因为""所以"这些关联词就能写通的。归根到底，语言通顺是思维清晰的表现。

闻香识女人
——读《乱世佳人》有感

◆ 学校:浙江省嘉兴市第一中学　◆ 作者:徐辰奕　◆ 指导老师:朱瑜冬

　　试想阳光灿烂,镶了层层花边的阳伞在半空中旋转,搅动浮泛着香的空气,裙裾上花叶伸展,一层层薄纱在风中摩擦起声,姑娘们的笑靥在发丝间缭绕,像催着桃花,开出节节枝叶。彼一方,战马站立一旁,身着军装的少爷们英姿飒爽,高举美酒,摩挲着腰间的枪械,谈笑风生,肆意夸耀着胜利即将来临。黑奴卑躬屈膝,为自己的主人拿着大衣,见缝插针地恭维着主人,或打着自己的小算盘。(细腻精妙的描写,将小说开头几幕流畅再现,姑娘、少爷、黑奴各具特色却又浑然一体。)

　　这便是乱世佳人开头的一幕,它描绘的是美国南北战争前南方典型的田园牧歌般的种植园生活,但却仅仅是暴风雨前的平静,战争的号角不日便会吹响。如若《乱世佳人》仅仅描绘了和平盛世,那它自不会传承至今,但若它仅仅是记录了这场战争,那我也不会如此心悦于这本书了。《乱世佳人》不曾正面描绘战争的悲惨,而是从战争的后方,去描绘身处战争中的形形色色的女性。在一般人的惯有观念里,战争是男人的事,但《乱世佳人》恰恰说出了战争中女人的非同凡响。(结合自身阅读体会,写出小说叙述角度之独特,为下文写战争中的女人蓄势。)

　　郝思嘉是南方女人的典型代表,她出身高贵,年方二八,是当地出名的美人儿。那个年代,女人的使命,在结婚前,是极力与一位正派先生喜结连理;结婚后,便是操持家务,同时促使自己的女儿重复自己的命运。然而战争使得这一切瞬间换了面目。曾经的优雅快活都不值一提,在战争的背景下,以郝思嘉为代表的女人们更变得一文不值。她幻想着与自己喜欢的卫希礼完婚,却惨遭拒绝,最后随意选择了自己的婚姻,并在几周内因为战争成了寡妇。她与战争是分不开的,战争使她守寡,战争使她遇到了投机商瑞德,战争使她流离失所,战争使她必须重振自家的种植园,战争使她必须去经商。(语言看似平淡,但战争带来的苦痛在这样的层层推进中得以彰显。)当战争最终停息后,她终于过上了一段和平的日子。最后,她与瑞德的女儿死去,瑞德离开,她留在种植园中,说出了那句旷世名言:"无论如何,明天又是新的一天。"

描写战争的书不在少数,描写战争中的女人的作品也不在少数,但我最是喜欢郝思嘉。闻香识女人,郝思嘉的香,是举世无双的。

人都是复杂的,只有复杂的人才充满人性。郝思嘉的最大特点,就是复杂,瑞德也正是这样评价她的。这本书中,还出现了媚兰——卫希礼的妻子。她爱国,她善良,她的的确确就是真善美的代表。而与她相比,郝思嘉轻佻自私,只为了跳一曲华尔兹,无视自己的寡妇身份,使媚兰一家难堪。为了达成目的不择手段。她抢了妹妹的男朋友,只为了占据伐木场。她爱慕虚荣,为了一顶帽子宁愿被人议论。她还恶毒善妒,常常对媚兰心存诅咒,恶言相向。她专断狠毒,对生病的妹妹毫无怜悯,把她们赶下地工作。其实她并不爱她为之战斗的南方,她仅仅爱着自己,最多还有卫希礼。(作者用概括性的语言,将郝思嘉丑陋的人性暴露在阳光下。与媚兰的对比,使人物特点更鲜明。)

但她的错误与缺点都是建立在那个过去的时代的评判之上,可是现在是战争时期,炮火画出新的疆界,故事开始了新的篇章。纵然她轻佻自私,但她敢于挑战规则;纵然她不择手段,专断狠毒,但却是为了救活自己的家人;纵然她爱慕虚荣,但她从未放弃过一丝生的希望,即使做着不符合自己身份的活,也无怨无悔。(这一段的分析看出了小作者思考的深度,从而更能体现战争的残酷。)

她是那个时代战争下孕育出的新生命。她就像忍冬,在其他花朵凋零之际,却会散发出不一样的清冽香气。我最为崇敬的,便是她的责任感与永远充满希望。塔拉是她生长的地方,当炮火降临时,当母亲死去时,当父亲发疯时,当所有的一切都糟到无以复加的时候,她却弯下腰身,用曾经用来跳舞的双脚去触碰坚硬的土地,用纤细的双手去种植棉花。即使媚兰是她心上人的妻子,即使她讨厌她入骨,但她仍然无怨无悔地照顾着她,因为她曾承诺了卫希礼。纵然最后心爱的男人离她而去,她却并未伤感,她只是告诉自己,明天会更好。(小作者先抑后扬,笔下的人物呈现出立体感,原作品近百万字,此处精选几个细节表达对这位战争中坚强女性的崇敬。)

中国古有花木兰为父上战场,虽然郝思嘉没有上战场,但她却有着花木兰的气节,她是少了几分媚兰的温柔与善良,但她的决绝也恰恰是拯救了她身边人的武器,使她的家人从南方的惨败中最快地脱离了。从历史的角度来看,这场战争,南方注定失败,因为那是历史的洪流,无法阻挡。而郝思嘉,其实并非在阻挡这场洪流,而且在这场洪流中,解放了南方妇女曾经的毫无自我、仅仅是男人附庸的想法。她在战争中脱胎换骨,或者说,她做回了自己,这是她在整个大的环境与社会中不可小觑的改变。也许战争真是一个很大的背景,也许《乱世佳人》对于社会的思考多于对郝思嘉单单一个人的塑造,但在我心中,她便是这书的魂,带给了我最深的感受。(此段使文章有了深度!)

作者最后给了郝思嘉一个不甚圆满的结局,但我却觉得这恰恰是在赞扬她的独立。《倾城之恋》中,白流苏最后还是嫁给了范柳原,这圆圆满满的结局,可有比郝思嘉好过吗?战争使白流苏最终得偿所愿,可她只是顺着这潮流,却没有像郝思嘉一样,亲历战争,并且拼尽全力站稳脚跟。再看《长恨歌》中的王琦瑶,她答应了做高官的情妇,最后却也只是在表面的风光中走向腐烂和肮脏,后来的日子空虚而迷茫,只在对世界的怀疑中消磨了自我。而郝思嘉与她更是不一样,她拒绝了做瑞德情妇的要求,她自我斗争,为自己争取,正是这种上进而努力的精神,使得她有勇气,并不为瑞德的离开、女儿的死去而一蹶不振。(此段使文章有了宽度!)

历史已经转了无数轮,美国南北战争的烟尘已经消散。可是战争的硝烟掩不住这忍冬香气,此去经年,我们仍能感受到郝思嘉的神魂。

闻香识女人,才知真绝色。

点评

本文思路缜密,环环相扣,从剖析郝思嘉人性上的不足过渡到对她独立坚强的赞美,展现了一个"圆形人物"形象。作者又从时代大背景入手,结合战争带来的影响,分析了人物与情节的经典性,读来耐人寻味,引发读者阅读的兴趣。

挣脱期待，找回自己

——读《无声告白》有感

◆ 学校:浙江省嘉兴市第一中学　◆ 作者:杨奕晨　◆ 指导老师:朱瑜冬

　　"征服欧美文坛的华裔作家！凭借处女作夺得2014美国亚马逊年度最佳图书第1名"，揭开腰封显出的两行文字有些浮夸，不过我对这亚马逊最佳图书的名号并无兴趣，顺势就直接翻开了第一页。(独特开篇，吸引人。)

　　"莉迪亚死了，但他们还不知道。"这是开篇第一句话，让人有些不知所措。毕竟这作为一部非悬疑类小说的开头显得有些突兀。当然也让我疑惑:这作者接下来准备怎么办？破案吗？随着作者谋篇布局的深入，读者自己渐渐拨开了真相的面纱:这女孩活得好痛苦，那些越是爱她的人，那些越是在她生前对其百般关注、死后痛不欲生的人，实际上却正是以爱之名行杀之实的残酷凶手。(以书中的一句话引入作品，不平铺直叙。)

　　莉迪亚的母亲是一个不甘平庸、希望与众不同的女人，最终却还是嫁人生子，成为一名普通的家庭妇女。尽管中途她挣扎过，没留下只言片语离开了家，希望继续完成搁置的梦想，但因为种种原因，最终依然不得不放弃自己学习的梦。但她的短暂离开已经在女儿莉迪亚身上留下了阴影。莉迪亚的父亲是一个中国人，在黄头发、蓝眼睛的美国人中间显得那么格格不入，在当时的社会背景下，遭到歧视和嘲笑是再正常不过的。因此，莉迪亚短暂的一生承载了父亲"合群""要受欢迎"的理念，用一生去弥补父亲小时候的阴影。然而，这是一件好事吗？或许在这对夫妇看来是的，至少他们努力把自己一生都在追求的东西给了自己的孩子，但是，"人类都是健忘的，四十岁没法理解三十岁，三十岁也看不懂二十岁，二十岁则对十几岁不屑一顾"。殊不知，时代已经变更了，孩子所追求的早已不再是他们父母那个时代的幸福了。(对内容进行深一步挖掘。)

书里说："父母越是关注你，对你的期望就越高，他们的关心像雪一样不断落到你的身上，最终把你压垮。"没错，就是爱的重量把莉迪亚压垮了。然而，这是爱吗？爱她，请给她选择的权利，让她能够对自己的人生负责，而不是在她生日的时候母亲送解剖书，父亲送连衣裙，告诉她去实现长久以来她不喜欢的"梦想"，去融合长久以来她无法融合的"圈子"，去成为一个仅仅在父母眼中显得完美无缺的人。（亮出了观点。）

有人说，孩子在最初的时候没有梦想，蒋方舟也说过："孩子在年幼时候取得的一切成绩，都是一种向大人们的献媚。"一句夸奖、一次和谐的晚餐，都是孩子努力学习的目标。至于想当科学家、画家，也不过是从小听大人说多了，就记住了，鬼知道科学家是什么东西。

这种渴望被认同的心理会随着年龄的增长越来越清晰，越来越具体。比如，我想成为一个小范围的网红；我要创业，赚钱；我要成名；我要做一个酷的人，让别人都羡慕我……这是寻求认同，是虚荣心的一种体现。人都是在追求认同的，那些完全不在意他人认同感的人，不是勇者就是狂徒。人天生都是需要被认同的。认同的主体可能是家人、父母、社会，或者自己。即使一时短暂的叛逆，也不过是想要某一瞬间能吸引到别人的关注，说白了还是因为一种广义上的虚荣心。也正因如此，什么样的认同感才显得尤为重要。真正的认同绝非是把孩子与自己的一致视为好，与自己的意志相悖就是错。我想，我们终其一生都在寻求着别人的认同，就是为了寻找某一个瞬间可以摆脱他人的期待，挣脱普世价值的影响，寻找真正的自己，不必再为求认同而在这个社会上苦苦挣扎。（联系生活实际谈感悟，虽是一家之言，却也"掷地有声"。）

我渴望与主流一致，但也渴望个性；我渴望父母无私的关爱，却更渴望自由。我不希望一想到父母期待的眼神，就只有选择忍气吞声。

天下的父母，你们可知，孩子的许多告白是无声的，（与书名暗合。）需要你们用心去发现，不然可能会铸成大错，轻则误其终身，重则造成不可挽回的结果。一个人活在世上，如果连自己的人生都不能掌控，还有什么意思呢？也许你不怕冷言冷语，但温柔的刀子怕是能让你痛不欲生，等回过神来，已无力挣扎，回天乏术。

"我们终此一生，就是要摆脱他人的期待，找到真正的自己。"正如书上所说的那样，期待是一双有力而无形的手，推着你前进，也死死地扼住你的喉咙。（简洁有力的结尾，任何事物都有两面性，"期待"也不例外。这样的观点值得深思。）

点评

由书中的一句话引入,接着结合内容进行分析,一步步向深处挖掘,像是一步步揭开面纱,引人入胜。文章的观点较新,在这里,"期待"变成了贬义词。这样的观点如何去论证,本文是一种尝试。

悦读锦囊

只看一个人的著作,结果是不大好的:你就得不到多方面的优点。必须如蜜蜂一样,采过许多花,这才能酿出蜜来,倘若叮在一处,所得就非常有限、枯燥了。

——鲁迅

奔跑在路上

——读《当我谈跑步时我谈些什么》有感

◆学校：浙江省嘉兴市第一中学　◆作者：张羽乐　◆指导老师：王素芹

从小到大，看过的书很多，但是看了三遍的书却很少，村上春树的《当我谈跑步时我谈些什么》仿佛有一种魔力，它不断吸引着你去阅读一遍又一遍，(改成"一遍又一遍地去阅读"才通。)而每读一遍你都会受益匪浅。

在众多人眼中，村上春树是一位作家，而鲜为人知的是，他也是一个跑者。作家职业所具有的自由性，给了他充足的时间去跑步、去思考。他从三十三岁开始跑步，跑到现在，跑了整整二十七年。跑步不仅使他的脚步更加强健，精神更加饱满，更使他戒去了多年的烟瘾。"你总不能一边跑步一边抽烟吧"，他开玩笑道。他坚持跑步，坚持了二十七年。从他迈出第一步的那一刻起，他的整个人生就改变了。

第一次读《当我谈跑步时我谈些什么》是因为当时的我也是一个跑者，喜欢阅读世界各地跑者的自传，同样身为跑者便更能深刻地体会到坚持长跑的不易，长跑是身体和心理的较量，很多人中途放弃的原因往往不是身体坚持不下去了，而是内心不够强大。(这一段语言太纠结了，写过后作者自己有没有读一读？)

村上说过，跑步是一种自我对抗的方式，在通往终点的过程中，你将面临世界上最孤独的自我。这段距离是和自我不断对话的过程，你唯一的朋友是你自己，你最大的对手也是你自己。你大可以在任何时间、任何地点停下来，告诉自己今天就到此为止，没有人会指责你的倦怠。但是，没有对手的比赛其实是最困难的，因为他们无处不在。跑步如此，生活亦如此，在不断超越自我中，终点也是起点，只要有力气，新的旅程就在等你征服。

村上坚持每年参加一次马拉松比赛，挑战过两次铁人三项的比赛，甚至参加过超级马拉松。所谓的超级马拉松,路程有整整一百千米,也就是从早上太阳刚升起,跑到日落。这种高消耗的比赛对跑者的素质要求是极高的。村上在书中写道,跑完超级马拉松后一段时间他曾十分厌倦跑步,觉得自己再也不会去跑步了,但是最后身体对跑步的渴望使他重新站在了跑道上。

再读和三读都是因为自己当时处于学习低迷期,而村上的文字总能使我平静下来,并且在精神上给了我很大的力量。他曾写道,自己每天早晨刚开始跑步时,腿上的肌肉都十分僵硬,甚至酸痛无比,但是他都告诉自己,必须跑下去。反而跑了一段时间后,腿部舒展开来了,便又能跑了。("跑了一段时间后,腿部反而舒展开来了",这多好!)于是我便也告诉自己,现在我所经历的一切,我所认为的痛苦的学习生活,和这个世界上的很多人所正经历的苦难相比,和村上练习长跑过程中所承受的痛苦相比,都是微不足道的。既然村上仍然在坚持,成千上万处于痛苦中的人仍然在坚持,那么我也不该放弃自己,不该失去信心和勇气。

跑步是和自我对话、不断克服自我的过程,学习也是。跑步和学习拥有太多的相似性,一个专业的跑者会对自己的马拉松成绩斤斤计较,哪怕只是一秒的差距,对他们来说也是身体和力量上的退步。老师常常对我们说考试中要分分必争,想必也是这个道理吧。

做一个奔跑在路上的人,像跑者一样去学习,在学习这条道路上不停地奔跑,直至实现自己的目标,我想这正是这本书所教会我的道理。奔跑在学习这条道路上,要有村上二十七年如一日的毅力和恒心,相信一切都会向更好的方向发展。

点 评

作为一篇读后感,本文写的是作者的真情实感,结构安排也比较合理。可是,这篇文章在语言运用上,问题实在太多了。问题主要出在"不自然",是学来的议论腔调,文字写完后,作者也没有仔细地读一读,不然怎么会发现不了问题?

心灵共鸣

——读《饥饿艺术家》有感

◆学校:桐乡市茅盾中学　◆作者:范秋萍　◆指导老师:严秋萍

　　卡夫卡于1922年创作了《饥饿艺术家》,后在病逝前一个月重读了它,不禁泪流满面,想必是他与作品的主人公产生了共鸣。(开篇角度独特,点出了作者与作品主人公的相似之处。)

　　读的时候,只要联系到卡夫卡,我就会错以为他笔下的饥饿艺术家的命运就是他自己的人生写照,而伴随而来的自己的感触与联想让我不禁陷入迷惘。

　　卡夫卡与饥饿艺术家都有一种处在异质世界的孤独、不适与绝望。"我虽然可以活下去,但我无法生存。"这句话,适用于卡夫卡,也同样适用于饥饿艺术家。我有时甚至觉得,活着的卡夫卡就是他笔下的饥饿艺术家,所以在重读这篇文章之后,卡夫卡流下了泪水吧!

　　《饥饿艺术家》是一部典型的悲剧。(单独成段,点明悲剧属性,总领下文。)

　　饥饿表演也曾辉煌一时。但凡饥饿艺术家一登场,观众兴趣高涨,就会引来万人空巷的局面。四十天的饥饿表演成为艺术现实,但观众终究不能理解这种艺术,更别说欣赏了。在观众看来,饥饿表演更像是一种杂耍表演,是逗人取乐的。

　　然而饥饿艺术家不受观众盲目追捧的影响,而是摆出了类似屈原"举世皆浊我独清,众人皆醉我独醒"的孤傲姿态,表现出一副不屑一顾的模样,不理会观众的欣赏品味,执着追求饥饿艺术的最高境界,无论是迷途还是通衢大道。

　　可渐渐地,现实的残酷终究毁灭了他美好的追求。他没有认识到,人们所渴望的东西和他所演绎的高雅的饥饿艺术并不在同一条线上,人们更偏爱通俗的杂耍表演。饥饿艺术家面对看守人员的怀疑感到无奈,他不得不依附于经理的权威,向观众献媚。这造成了"只有饥饿艺术家不满意,总是他一个人不满意"的局面。要让他自以为高雅的饥饿艺术流于世俗,他怎会甘心? 他甚至变得阴郁悲哀,暴怒可怕。经理的权威依旧压榨他,使他伤心丧气,难以忍受,却又不得不屈服于这个愚昧的世界。

几年后,人们开始厌弃这种饥饿表演了。(继续推进,引人思索。)饥饿艺术家被众人抛弃,他加入了马戏团,与兽为伍,可人们忘了更换记日牌,饥饿表演变为无限期的绝食,他被异化为动物,被世界抛弃。"在他那瞳孔已经扩散的眼睛里,流露着虽然不再是骄傲却仍然是坚定的信念:他要继续饿下去。"(适时引用原文,让读者感受到作者的语言魅力,重回现场。)他很执着但也很无奈,他虽然追求高雅艺术又有坚定信念,但是他找不到适合自己胃口的食物,他孤独、绝望。于是他在铺着腐草的笼子里咽下了最后一口气,又连同腐草一起被埋在了地下。

最后,小豹登场。(不堪一击时的重击。)虽然小豹看似再庸俗不过,但是人们却不排斥,反倒喜欢它,小豹收获了自由欢乐。小豹没有孤独,也不知孤独,它找到了适合自己胃口的食物。而人们就像在表演休息时间拥去兽场观看野兽一样,围观笼子里的小豹。(将小豹与饥饿艺术家作对比,发人深省。)

饥饿艺术家最终走上了迷途,他跌进了悲剧的万丈深渊。暂且不说他饥饿艺术的可行性和他对饥饿艺术追求的合理性,起码他不与世俗相混,坚持自己的立场,耐住孤独和痛苦,直至被众人抛弃,被时代抛弃,这就够令人敬佩和惋惜的了。

卡夫卡与饥饿艺术家都站在了孤独的巅峰,且与世界格格不入,他们都处在社会边缘。卡夫卡终生生活在痛苦与孤独之中,他对社会充满了陌生感、孤独感与恐惧感。饥饿艺术家的追求与时代发展潮流相悖,他沦落为无人理睬的戏子、绝食者。(回扣开篇,结构圆融。)

在病榻上,卡夫卡为何会落泪? 我想大概是他也亲身经历了长久的孤独,加上与之并行的痛苦吧! 毕竟,心灵共鸣是一种撼动人心的伟大力量。

点 评

将作品内容分层概括,层层推进,使《饥饿艺术家》扣人心弦的情节特点得以展示。读罢此文,真想即刻品读小说! 在感悟环节,小作者抓住作者与小说主人公的内在联系,切入点小,角度独特,可惜在这一点上深入不够。如能对卡夫卡的"痛苦与孤独"深入阐述,即可避免读后感"头重脚轻"之问题。

忽然想到的并非闲话

——读鲁迅先生的《华盖集》有感

◆学校:浙江海盐县元济高级中学　◆作者:董雯昕　◆指导老师:曹林祥

提到鲁迅先生,我的脑海中总会浮现出一个大义凛然、孤傲挺拔的身躯。(敬佩之情溢于言表。)鲁迅先生为中国的革命与国民的觉醒付出了毕生的心血,他以笔为武器,毫不畏惧地抨击社会的黑暗,揭示当时摇摇欲坠的中国的悲哀。鲁迅先生满腔都是爱国的激情与热血,而他笔下著名的《华盖集》也用犀利的笔锋毫不掩饰地表达了自己的悲痛与愤懑之情。

叹·堕落的麻木

"谁说中国人不善于改变呢? 每一新的事物进来,起初虽然排斥,但看到有些可靠,就自然会改变。不过并非将自己变得合于新事物,乃是将新事物变得合于自己而已。"

这是多么可悲啊,不愿接受新的事物,还不断排斥进步的力量。鲁迅先生将这些看在眼里,悲在心里。他为中国的未来深深地担忧,也正是他的这份深深的爱国之情给了他力量,使他能够在人们的不信任与不理解中坚持下来,将自己心中的不满与愤怒载于一篇篇文章,毫不留情地揭露国民的堕落与麻木。在这些激愤的悲哀之情背后,是一颗为全国人民着想的冒着血的火热的心! 一个个充满力度的汉字,一个个重叠跳跃的感叹号,无不透露着最真挚的爱国激情! 可是,又有多少自认为聪明的中国人在那样非常的时刻感受到了鲁迅先生的号召? 他们麻木可笑、自以为是,自顾自地继续当着"看客"。想到当时中国的举步维艰与国民身上顽固难除的堕落可悲,我不禁愤懑,又难掩悲哀。可是,生活在那个动荡年代的鲁迅先生却未退缩,即便痛苦难过,也还是尽自己最大的可能来唤醒麻木的国民。唉,可悲,可叹! 国民的堕落麻木,是中国最大的悲哀!(情感一步步达到高潮,可悲可叹,引发强烈共鸣!)

"我不以为自承无力,是比自夸爱和平更其耻辱。"(每个片段都以《华盖集》中的相应词句收尾,亦可见匠心。)

冀·希望的萌芽

"优胜者固然可敬,但那虽然落后而仍非跑至终点不止的竞技者,和见了这样竞技者而肃然不笑的看客,乃正是中国将来的脊梁。"

中国的脊梁,在当时乃至现在都是极为重要的。即便是在那样非常的时刻,在那样堕落而麻木的国民中,也仍存在着革命的力量。那是进步与无畏的力量,和鲁迅先生一同因这黑暗的社会而悲哀,但仍坚定信念不挠不挠地战斗着。这就是中国的脊梁,是中国的希望,是中国的未来。鲁迅先生在这样黑暗的社会中战斗,并坚持着对希望的渴求。即便是针针见血、充满了讽刺意味的文字,也字字透露着对中国觉醒的希望之情。"总而言之,就是将华夏传统的所有小巧的玩艺儿全部放掉,倒去屈尊学学枪击我们的洋鬼子,这才渴望有新的希望的萌芽。"并不华丽的言语,却吐露了一颗再真挚不过的爱国心。鲁迅先生多次提到"希望的萌芽",不就是渴望着中国的觉醒吗?"希望的萌芽",简单的五个字,却包含了多少革命志士的热血,包含了多少爱国人士的渴望! 它是至诚的希冀。(品读之深,体现在自然的引用,小作者让作品中的只字片语与自己的表述合二为一。)

"我们仔细查察自己,不再说诳的时候应该到来了,一到不再自欺欺人的时候,也就是到了看见希望的萌芽的时候。"

会·炽热的文字

《华盖集》,三个简单的字,二十七篇短小的杂文,加上一篇《题记》,一篇《后记》,在鲁迅先生的著作之海中并不算什么重中之重,但这其中包含的东西却如沧海一般广阔,似穹宇一样深邃。一颗满载希望与力量的血红的心紧紧地裹在文字之间,无法分离。(心与文字相裹,"血红"二字增添画面感,小作者语言功底扎实。)读着这一行行的文字,品着这一篇篇的文章,我不得不被这难以抵挡的精神所震撼、折服,同时也不得不看到自己与鲁迅先生的距离——相去甚远。仅仅是"读"过,又怎么能准确把握到那溢于言表的激情的万分之一!这炽热的文字,隔了将近百年,却仍充满了力量。的确,这是中国最冷的文字,但若静下心来品味,却又能感受到那远甚于火的热量。充斥于这热量之中的,是永不放弃的希望。即便在今天,即便是我这样才疏学浅的中学生,仍能从中感受到震撼人心的力量,它来自鲁迅先生的精神,用我苍白的笔墨又怎能书写!但我还是明白了些许,只有永远怀着希望,永远坚定不移地去战斗,永远坚持自己的信仰,(三个"永远"尽显小作者阅读后成长之态,写尽内心之激情。)才能说——我曾经活过。(有观点,并且能有温度有力量地表达,可贵!)

《华盖集》中的"忽然想到"与"并非闲话"令我感触很深,鲁迅先生以这两个篇名写下了很多篇杂文。也许,真正的情感发自内心,它们总是忽然想到的,看似闲话,但绝不是闲话,它们甚于某些人的绝美的文章远矣。它们将永远是经典,永远被珍藏,永远供一代又一代的中国人细细地品味、学习,而后反思、进步,免于再堕落、再麻木!(体现青年学子的担当情怀。)

"我并不惧惮这些,也不想遮盖这些,而且实在有些爱他们了,因为这是我辗转而生活于风沙中的瘢痕。凡有自己也觉得在风沙中辗转而生活着的,会知道这意思。"

鲁迅先生,谢谢您用您炽热的心写下这炽热的文字,感动并震撼着一代代的中国人!

点评

本文作者语言功底深,思辨能力强,令人读之感到酣畅。从字里行间能看出小作者对《华盖集》阅读的细致深入,这是写好读后感的基石。文章以三段式展开,却不刻意,每一段的内容都很饱满,切口小,挖掘深。列小标题的形式容易陷入华而不实的泥潭,小作者很好地避免了这点。本文标题新颖,与鲁迅语言特点暗合,结尾回扣有力,升华自然。

喟叹山水,探寻历史文化之根
——读《文化苦旅》有感

◆学校:嘉兴市第四高级中学 ◆作者:王 蕾 ◆指导老师:沈 洁

书写文化之苦旅,描述历史之盛衰。这是一次文化的苦旅,是一次重读历史的旅途,更是一次浪漫的心灵洗涤。(运用整句,上口。)

前人云:"读万卷书,不如行万里路。"一次次漂泊的旅程,回溯了中华几千年来的历史。余秋雨走过的每一处地方,似乎都蕴藏着许多尘封许久的历史,正等待着有人能来到此处,也许只是轻轻地掀开那历史的一角。(优美。)读着余秋雨先生的文字,我深深被山水风光所吸引,更想像他一样探读中华五千年的文明历史。每到一个地方,他都能想起此地过去曾经历的沧桑和故人对它的评价。

这世间真正的风景不仅仅只是令人流连忘返的风景名胜和历史名迹这些表面的风光,真正的风景应该是那些藏匿在山水风光背后的富有文化气息的人文山水。(汉语习惯用短句,长句总是有些不上口。)正如余秋雨自序中所说的:"每到一个地方,总有一种沉重的历史气压罩在我的全身使我无端地感动,无端地喟叹。……这是中国历史文化的悠久魅力和它对我的长期熏染造成的,要摆脱也摆脱不了。"带着一颗对大千世界的山水风物的好奇、对中国历史的追溯和对文化灵魂的探求的心,我跟随着余秋雨先生的步伐,开始漫漫的文化苦旅。从风景秀丽的江南到大漠孤烟的大西北,从冰天雪地的北国到充满民族风情的西南边境;从莫高窟到风雨天一阁,从沙原隐泉到洞庭一角,又从吴江船到牌坊,(三个"从"字句,好!)他的足迹踏遍了祖国的山山水水,这也是他对悠久灿烂中华文化的苦苦求索。

在莫高窟面前,我停留了许久。莫高窟,是宗教和传统文化交融的圣地,更是中华历史文明的积淀。余秋雨先生那温柔之中带着显著的尖锐的笔触一点点扒开（"扒开"这个词用得妙！）那段悲痛、不堪的历史，把血淋淋的事实展现在大众面前。那段我不曾了解的中华民族的记忆深深触动着我的心，我也因此而感到惭愧。一车车稀世文物就这样离开它们原生的土地，被运往地球的另一端收藏展览。斯坦因将那些文物抢走的时候，他看见了黄昏之中的敦煌那凄惨的晚霞，而我看见的则是中华民族在滴血，古老民族的文明被掠夺。（很有表现力的句子。）王圆箓，这个莫高窟历史上的罪人，因为他的一点私欲，导致外国学者用极少的银元就换走了难以数计的敦煌文物。这是文物和土地的双向失落、两败俱伤，可是当时的中国统治者却无所作为。那时的中国处处军阀混战，北京更是乱成一团。再多的哀叹和可惜也不过是历史长河中一闪而过的呼唤，一切都不过是徒劳。再看如今的敦煌莫高窟，石像、壁画静默着，见证着敦煌千年的变迁，我们只惊叹着自然造物者的奇妙，却不曾想到那段屈辱的历史。莫高窟现在的壮观美丽并非是它外表上的绚丽夺目，而是它背后那段引人深思的历史，是那段历史造就了今天神奇的莫高窟。（深刻。）

那场历史文明的浩劫，不应该被人们遗忘，不应该成为随风飘散的往事。（两个"不应该"，加强语气。）我们应该从中吸取教训，保护珍贵的文化财富，别再看着这些古老的文明被掠夺而无能为力。

历史的巧妙之处在于，无论你多少次拜读都有不同的感悟。一次又一次翻开余秋雨先生的这本《文化苦旅》，每次读都有不同的体会。在一遍遍的阅读中，我对中国的历史有了更加深刻的了解，也有了自己的一点点见解。（好书不怕千回读，作者会读书。）在刚翻开这本书的时候，我就一直在想一个问题：为什么书名要叫作"文化苦旅"？在一遍又一遍的细细品读之后，我觉得苦是苦在中华民族有着几千年历史的重重压力，苦在中华民族文明精神的逝去。（两个"苦在"，多么痛心！）无言的山水内心有千言万语在等待我们去倾听、去感悟。（拟人。）真想跟随余老先生的文字就这样走下去，探索山水风光文化的深层灵魂，深思我们这个古老民族的深层文化，走在辽阔的大地上，实现人生的自我价值，探求人性之美、文化之美、历史之美。（好！）

但我始终觉得自己无法完全读懂余老先生，无法达到余老先生的思想层次。（别着急，慢慢来。）这也激励着我更加努力地学习文化知识，弥补欠缺，从多方位读懂和理解历史。

"我无法不老，但我还有可能年轻。我不敢对我们过于庞大的文化有什么祝祈，却希望自己笔下的文字能有一种苦涩后的回味、焦急后的会心、冥思后的放松、苍老后的年轻。"正是怀揣着这样的创作愿望,余秋雨先生写下了这本《文化苦旅》。余老先生的想法同样激励着我、引导着我,去探寻、深思华夏文明历史。喟叹山水,探寻历史文化之根;追寻历史,体味华夏文明苦旅。(结尾有力,隽永。)

点评

    作者善于读书,善于思考,善于写作!文章脉络清晰,感情真挚,行文流畅,语言优美,写出了自己深刻的感悟。精彩之处,满篇皆是,尤其开头结尾更是简洁有力。这是一篇很难得的佳作。只要不断地阅读,不断地写作,作者的思想和语言一定会更加出色!

战胜苦难的学说

——读《平凡的世界》有感

◆学校：嘉兴市秀州中学　◆作者：徐丰盈　◆指导老师：李海宁

　　《平凡的世界》是一个时代的记忆。苦难是一笔财富，造就了那一代人。青春如花，但没拼过的青春不值一提。（开篇三句，简洁有力。）

　　政治变动，社会动荡、混乱。"文化大革命"给农村带来了灾难；改革的春风，却又给予了农村希望。（整句形成对比。）作者运用素朴的语言去描绘每个人平凡的小小世界和跌宕起伏的人生。书中的孙少平等劳动人民，在动荡之中仍相信未来，吃苦耐劳，将生活的不易踩在脚底下，终长成一个男子汉。（此句有语病，主语"劳动人民"与"长成一个男子汉"不搭配，去掉"等劳动人民"，主语为"孙少平"。）

　　在少平家里，贫穷是生活中最大的难题。吃穿用度均是最差的，这会使一些人不敢抬起头，永远生活在自卑的阴影中。贫穷让许多人在理想面前意志消亡，在逆境中没有理由去嘲笑自卑与懦弱，但是我们需要学会重塑信心，学会战胜自我，少平他在战胜自我的渴望中表现出来的坚强是令人敬佩的，他得到了精神上的升华与超越。战胜困难，摆脱心灵的枷锁，冲破传统的束缚，追求美好的梦想，使我懂得要学会珍惜亲情、友情、爱情，学会不向生活低头，做一个有志气、努力来改变自己的人。（不通。）

　　"人生在世不称意。"孙少平与田晓霞这对青梅竹马在最甜蜜最幸福的时候失去了彼此，可谓命运多舛。但往往是在无数的痛苦中，在重重的矛盾与艰辛中，才使人成长起来。生命中总是有着无奈与惋惜，所以人就应该趁年轻好好打拼，哪怕死了也不后悔。生活不能等别人来安排，要自己去争取。只有奋斗与拼搏过，迸发青春的激情，在风雨飘摇的岁月落定后，回忆青春奋斗的日子和触摸理想的岁月，那才是令人充实、振奋的。拥有理想的岁月是有精神、有价值的。但在这个世界上,不是所有合理的和美好的都能按照自己的愿望存在或实现。理想不会轻易实现,人在世上从来就不会有完美的人生,但却会有平凡的人生。在平凡的人生中活出不平凡的人生(这里加上"的人",句子才通。)是要经得住大起大落的人,是在艰难困苦面前不服输、不低头的人。(有大量句子读不通。)

在这样一个浮躁而又喧嚣的时代中,鲜少有人能像孙少平他们那样,勤勤恳恳地,咬牙坚持下去,以实现自己的理想。在奋斗的路上,洒满了牺牲这晶莹的、充满血与泪的汗水。(像"牺牲这晶莹的、充满血与泪的汗水"这样的句子,读得通吗?)少安(少平的哥哥)在个人与家之间的取舍当中,为了减轻家中负担,他毅然放弃学业挑起家中重担。在最好、最适合读书的年华,因为贫穷被迫放弃了理想。但他通过自己的勤劳苦干成就了一番自己的小事业;而少平他在社会的底层挣扎,离开熟悉的家乡到城里到处揽活,为了挣几个钱受尽折磨,但他不觉得苦,却将它当作磨炼。少平认为,职业的高低贵贱并不能说明什么,他相信,只有经历千辛万苦和血火一般的洗礼才能酿出勤劳之蜜。

就像在里约奥运会上,中国女排重回暌违十二年的奥运之巅,创造了奇迹。在这之前,中国女排的教练郎平并没有放弃对她们的训练和对她们的信心。女排能夺冠,并不是一蹴而就的。人们只看到了眼前的鲜花和掌声,却遗忘了女排队员们和郎平教练的付出,以及背后艰辛、繁重的训练,社会的舆论和取得的名次给她们带来的压力……

女排夺冠的过程可谓跌宕起伏:小组赛一开始就输了比赛,随后更是接连输给了美国和塞尔维亚,但他们没有丢盔卸甲,身处逆境却敢于承担,面对困难勇于克服,中国女排以实力诠释了"不惧强手、不惧逆境、团结拼搏"的女排精神,最终击败东道主巴西闯入决赛并一举夺冠。(似乎把读后感写成观赛感了!)

这种永不放弃的女排精神,我觉得是《平凡的世界》的奋斗精神的真实写照。一如郎平所说:"女排精神不是赢得冠军,而是知道有时不会赢,也竭尽全力,是一路虽走得摇摇晃晃,但站起来抖抖身上尘土,依然眼中坚定。"

我们的人生啊,是这样地不可预测,没有绝对的永恒。但我们要相信未来,把握青春年华,学会珍惜当下,向困难发起挑战,不要轻易低头。尽管你会输,但要学会在成长的路上永不放弃。

这,就是《平凡的世界》给我的青春启示;这,就是一代代中国人战胜苦难的学说!

点 评

作者从阅读《平凡的世界》中，读出了苦难的价值，有感而发，下笔成文。但此文有明显的硬伤——把读后感写成了观赛感，说明作者对读后感的文体范式的认识还不明确，这是初学写作的通病，但又是写作的大忌，应该引起中学生的注意。每一种文体都有自己的语感范式，记叙有记叙文体的范式，论说有论说文体的范式，一种语感范式的形成，需要大量的阅读和写作实践，相信本文的作者会很快形成自己的论说语感的！

悦读锦囊

阅读的第一要素，我想是信赖。相信我们所读的东西，这常常发生在我们少年时候。那个年龄，心灵像一张白纸，无条件地相信任何事情。书本给我们神圣的感觉，好比人生的老师……假如我们幸运地读到真正的好书，那么，一生都将受益无穷。

——王安忆

苦难与人生
——读《活着》《许三观卖血记》有感

◆学校:浙江省桐乡市高级中学　◆作者:徐思学　◆指导老师:周　敏

　　人道是:"谁拿流年乱了浮生,又借浮生乱了红尘。此生若能幸福安稳,谁又愿颠沛流离?"许多人渴望一生平淡坦然,殊不知,苦难与人生总是如影随形,是人一生都摈弃不掉的枷锁。那么,与其郁郁寡欢、悲极断肠,倒不如欣然接受、乐在其中。(开篇不枝不蔓,引用后直接提出观点。)

　　其实苦难很美,若是幸运地遭遇了就笑看,笑看后就潇洒转身;其实人生很短,开心了就笑,不开心了就过会儿再笑。如是,甚好。

　　新看一书,名曰《活着》。仅凭简单的"活着"二字就足以穿透灵魂与本真,击溃纷繁与浮夸。悄然翻开前几页,溢出的是泥土的腥味、新谷的温热与麦穗的清香,夹杂着些许欣然、苦涩与惆怅,再往下翻,我觉得它只是平静地向我讲述了一个故事,一个老人一生的故事。读罢,我深切地感受到:"活着"即是"忍受"。(点出对"活着"的理解,为下文做铺垫。)

　　主人公福贵生于大清王朝的余晖之下,少时放荡不羁、浑浑噩噩,生活上是纸醉金迷、花天酒地,其嗜赌成性、不学无术,愣是将自家一百来亩祖上传下的田地败个精光,然后由于种种,其父母、子女、妻子、女婿、外孙又相继去世,内战、"三反""五反"、"大跃进"、"文化大革命"等社会变革给这个可怜人的生活再添凄凉。最后,当"我"在田间小陌遇到这老人时,他只剩一头年老的牛了,熠熠的阳光映衬着老人干瘪得泛紫的嘴唇和浅浅的酒靥,他脸上的皱纹里积满了阳光和泥土,空洞的嘴里牙齿所剩无几,他时常流出浑浊的泪,这倒不是因为他时常悲伤,他在高兴时,甚至什么事都没有的平静时刻,也会流泪,然后举起和乡间泥路一样粗糙的手指擦去眼泪,如同掸去身上的稻草。他向"我"精彩地讲述自己,他对往事毫不避讳,也并不以不知所措的微笑搪塞,他平静地说道:"做人还是平常点好,争这个争那个,争来争去赔了自己的命。像我这样,说起来是越活越没出息,可寿命长,我认识的人一个挨着一个死了,我还活着。"或如王小波所说的:"我所说的一切全都过去了。似乎没有必要保持沉默了。"是的,所有的苦难与荣光都会过去。(简要概括全书内容,点明题旨。)

按理说,福贵的血液早该凝固了,或者是,他竟然还活着。

籽月尝道:"其实这个世界上,没有人愿意独自生活,更没有人愿意身边连一个亲人也没有。"福贵一次次看着至亲至爱去世,一次次看着黑暗里破碎残存的光泯灭,一次次看着自己踉跄着爬起再重重地摔倒,一次次心痛得滴血、痛不欲生又无能为力,一次次掩面啜泣、肝肠寸断,终究无法改变任何事实。可是,他毕竟活着,即使苦难,他依旧活着,算是为了自己吧。正如尼采所说,"一个人知道自己为什么而活,就可以忍受任何一种生活",同时也"忍受"生命赋予我们的责任。(通过对福贵内心的剖析来领悟人生的真谛,并引用籽月与尼采的话进行论证,体现了小作者思考的深入,也回应了前文"活着"即是"忍受"的理解。)

书中有一处细节我是咬着牙反反复复看的,那便是福贵的儿子有庆献血的故事。有庆献血时先是"高兴得脸都涨红了",向外面的人兴奋地喊道:"要抽我的血了";然后抽着抽着脸和嘴唇都煞白了,哆嗦着说"我头晕",抽血的却漫不经心地说"抽血都头晕";最后有庆嘴唇都紫青了,脑袋一歪摔到了地上,医生却只无所谓地说"心跳都没了",然后又心急火燎地跑去救县长的女人了。"我"看着这个意气风发的少年心跳慢慢地滞缓,呼吸慢慢地微弱,"我"甚至可以窥见他噙泪的眼角竟还挂有一丝笑意。有庆又瘦又小,静静地躺在一间空荡荡的小屋子里,他瘦削而干净的脸庞上落下几滴清泪,化开一圈圈忧伤的涟漪。有庆很乖,他太乖了,乖得让我心疼,乖得不像他这个年纪的孩子。福贵走了十多里路才到村上,然后将儿子草草地埋了,埋在村西——福贵父母坟边,他静静地看着那条弯曲通向城里的小路,听不到儿子赤脚跑来的声音,月光照在路上,像是撒满了盐。福贵回家后面对妻子家珍还要忍痛敷衍出一副"一切都好"的模样,他只能独自听着自己心碎的声音,只能自己生硬地咽下苦难,也只愿苦难全冲着自己来吧。他走到家门口,一想到再也见不到儿子了,忍不住哭出了声,又怕家珍听到,就捂住嘴巴蹲下来,蹲了好久,眼眶潮红。(详举一例,体现福贵人生的痛苦与煎熬,印证主题。)

正如余华在自序中说的:"人是为了活着本身而活着,而不是为了活着之外的任何事物所活着。"没有绝对的绝望,在福贵身上,我看到了苦难者对苦难的宽容、不幸者对不幸的嘲讽、失落者对失落的笑看。人生啊,没有永远的风平浪静,只有刹那的水波不兴,即使死水仍有微澜;人生啊,既然一定要经历汹涌波涛,那么就抬起头颅果断干脆地去迎接去拥抱骇浪风暴。生不可选,死不该选,唯有硬着头皮活着。摸摸自己跳动的脉搏吧,血液无时无刻不在流淌,它依旧温热,这就是我们应"忍受"苦难、"忍受"人生的原因。(句式整齐,内容深刻,令人喟叹!)

　　另有一书,即《许三观卖血记》,许三观的每一次卖血都是为艰难的生活所迫,在我看来,许三观的标签有"宽容",有"责任",有"慈爱",亦有"担当"。他是一个平凡的男人,平凡但绝不平庸,卑微而不怯懦,也是一个家的支柱,生生地撑起妻儿的希望。在灰暗的时代和悲惨的个人的种种不幸中,许三观却看到了生活的种种幸福——酸甜苦辣是食物的味道,喜怒哀乐是生活的味道。(点明其乐观态度,为下文张本。)他可以苦难却从不绝望——可能他总觉得卖血可以比较轻松地解决很多,他知道卖血即卖命,他亦知道根龙和阿方一死一衰与卖血密不可分,然他依旧选择了卖血。书中有两幕着实催泪,读后亦令人感慨震撼。(过渡自然。)

　　有一幕是许三观知道一乐是何晓勇的儿子后,由于内心压抑愤懑而不愿用卖血换来的钱带他去吃面,便让一乐自己去吃烤地瓜,最后他只是淡淡地对一乐说了一句话:"如果你是我的亲生儿子,我最喜欢的就是你。"而事实是,"你"不是"我"的亲生儿子,那么"我"最喜欢的也便不是"你",这是一个父亲无可奈何的话,这句话中的苦涩又有几人能懂——突然发现自己最喜欢的孩子却不是自己亲生的。读及此,我虽同情许三观却也有点厌恶他的自私无情,一乐是个乖孩子,他本无罪,又为什么要承受人为强加的苦痛,孩子是无辜的,他稚嫩、单纯、善良,我甚至可以想象出那时一乐眨巴的眼里有忍住的眼泪回流进他幼稚却酸涩的心。那天一乐出走了,寂寥冷清的街上,一个衣衫单薄褴褛的孩子,趿拉着鞋,凄苦地在风中瑟缩,如漂泊无居的浪子,他一路向西,没有亲爹,他喊了那么多年的爸爸要喊叔叔,再不能亲昵地撒娇,他的亲生父亲视他为街边的野狗而不屑提及,饥饿难耐的他又自己跑了回来。许三观一言不发地背起一乐朝面馆走去。一乐问:"爸我们是去吃面吗?"许三观温和地说:"是的。就算你不是我的儿子,就算再骂你,你饿了还是要给你买面吃。"至此,我看到了他的善良,也原谅了他的自私,他是凡人,所以有七情六欲,所以有不理智,所以会冲动。他用自己的肩膀扛起了很多,似扁担般挑起了一整个家,挑起了所有两苦难。(精选最揪心的片段再现,引发读者"一睹庐山真面目"的欲望。)

　　另一幕更揪人心。有一天许三观路过胜利饭店,想起以前卖血的日子,突然特别想吃炒猪肝、喝温黄酒,他决定再卖一次血,结果新的血头告诉他:"你的血像猪血,只能卖给漆家具的。"六十岁的许三观老泪纵横——他的泪水在他脸上纵横交错地流,就像雨水打在窗玻璃上,就像裂缝爬上了快要破碎的碗,就像蓬勃生长出去的树枝,就像渠水流进了田地,就像街道布满了城镇,泪水在他脸上织成了一张网。他已白发苍苍,时间留下了沧桑,他再也不能卖血了。不幸中的万幸是,他并未像根龙与阿方那般凄苦地死去或衰颓。(失去了希望的人就像轰然倒塌的大厦,作者通过比喻、排比等手法形象地揭示了许三观受到的打击之大。)

及此,我想苦难的人生并不全部是绝望、苦痛与伤痕,其实深邃的夜空中星星一直璀璨,只是偶尔有一团云飘过,你便以为繁星不再了。余华的这两本书有一个共性,即全书看似没有跌宕起伏、扣人心弦的高潮,一直都很平静,但其实波澜迭起,读罢又有余音绕梁之感,你可以在许多年后忘记许多事,可是这两个故事却不是轻易可以忘记的。它们质朴,它们平静,它们像人生那般苦乐交织。人生如茶,苦涩、味淡,然清澈、甘醇。(两书的共性在此得以揭示。)

人该要"活着",方能"生活";然人应该要"生活",而非只为了"活着"而"活着"。"活着",这是一条无奈的底线,只是一种本能。

思罢,我又想起早些时候读的《我与地坛》。那时,我一遍遍地沉浸于《我与地坛》;一遍遍勾勒着文字里的酸苦悲怀;一遍遍地跟着史铁生走进他的古园,聆听他静默的心跳;一遍遍地领悟苦难与人生的伟大。地坛有韵致而不浮华,素美而不寂寥,恬淡而不沉默,荒芜而不衰败,像极了那活到最狂妄的年龄上忽地残了双腿的史铁生,于是悲郁愤懑乃至绝望无助的史铁生来了——来到了这可以暂时逃避的另一个世界。落日的余晖悄然泯于天际,仅几抹残余的光晕寂静地铺平且拭净带血噙泪的坎坷;高歌哀啼的雨燕伴着暴雨后浓烈而清新的泥土的气息,将天地叫喊得苍凉而透彻;祭坛四周苍黑幽静的古柏与到处的野草荒藤也都茂盛得坦荡不羁;早霜后的落叶或飘摇歌舞或坦然安卧,充溢着熨帖与微苦;古殿檐头浮夸的琉璃与门壁上炫耀的朱红早已褪了昔日的繁华,显露出纯净的底色。地坛像一个博爱的老人,它无私地舔舐着人斑驳的痛苦,无怨地抚摸着人红热的伤痕。史铁生静静地在这古园里,他想着生与死的问题,想了好多年,或许是想明白了吧:"一个人,出生了,这就不再是一个可以辩论的问题,而只是上帝交给他的一个事实;上帝在交给我们这个事实的时候,已经顺便保证了它的结果,所以死是一件不必急于求成的事,死是一个必然会降临的节日。"或许真的是这样,我不辩驳抑或赞同,一则我并无资格发表什么冠冕堂皇的意见,二则我也并无阅历来阐述任何种种,但至少我已来到这人世,我可以自己逍遥走一遭然后在即将老去时对着薄山夕阳将嘴角微微上扬。(由现时所读之书,想起历来阅读种种,话语之闸一旦打开,便是洋洋洒洒一片,颇有大家风范。)

至于死,我真的很少会去想,或者说我根本就不会想,不愿想,不敢想。我怕。我很怕。怕我自己恍惚发现周围的每一个人都无时无刻不正走向死亡,即使我清楚地明白这一点,我更愿假装自己什么都不知道。做一个活在斑斓童话里的孩子吧,无忧无虑地徜徉在缤纷的梦里。再者,如若把人生看得太透彻,那么人生也不称为人生了。余华说过:"死亡不是失去生命,而是走出了时间。"我是理解不了,但至少我知道,向死而生的意义是:当你无限接近死亡时,才能真切体会生的意义。

莫名悲哀。一论及什么"生"啊、"死"啊的,我总是会有一种无法言语的忧伤,没有眼泪,只是心里憋闷,又无缘由。可怜这人要走一遭,来和去的时候身上都是空无一物,只是形容老去了。我也偶尔会想:史铁生连死都不怕了,还怕活着干吗?(生与死,思之惶然,念之戚然。阅读让我们走向纵深。)

这时,一个佝偻而苍白的背影在我脑海中依稀出现,她逆着光,枯槁干瘪的手指在凛冽萧瑟的寒风中颤抖着,凌乱蓬散的头发已全花白,不错,那便是最苦命的女人——鲁迅笔下的祥林嫂。她的苦难是慢慢入侵的,沿着黑暗的封建礼教一点一点渗入肌骨,蚕食灵魂。她初至鲁镇时仅二十六七岁,头上扎着白头绳,乌裙,蓝夹袄,月白背心,脸色青黄,脸颊泛红且顺着眼。她是个年轻的寡妇,食物不论,力气不惜,安分而知足。可怜新年才过,她便被婆家绑去卖到了深山老林,她便欲守节而不得。其实若是只这样过着也还算安稳,然而不出三年,她的丈夫与儿子阿毛就撒手人寰了,可怜的阿毛是被春天里的狼叼去的。再回到鲁镇,祥林嫂还是扎着白头绳,乌裙,蓝夹袄,月白背心,脸色青黄,只是额上消尽了血色,眼角还带有斑斑驳驳的泪痕。她常常是不厌其烦地向人们讲她儿子阿毛的故事,怔怔的双眼空洞得如一潭幽黑的死水,而她更像一具活死尸。其实这时她还未被彻底击溃,她还想要捐门槛为自己赎罪且也攒钱捐了,但祝福时四嫂的一声呵斥使她受了炮烙似的缩手,脸色一下变作灰黑,第二天,她的眼睛凹陷了下去,精神也不济了,像个断了线的木偶似的。直到那日"我"见着时,她脸上已瘦削不堪,黄中带黑,仿佛木刻似的;只有眼珠间或一轮,表示她是个活物;一手提一竹篮,内有一破碗,空的;一手挂一支比她更长的竹竿,下端开了裂:她分明已是一个邋遢而落魄的乞丐了。人们无情地往她红热的伤口上撒盐,让她的伤口永远新鲜、永远流血;

人们平静地扒开她愈合的伤口,让她再次沦陷于苦痛,沦陷于黑暗;人们听着她的苦难像看戏一样,在他们所认为的高潮处麻木地拍手叫好,可是人生哪有高潮啊。然后在一片朦胧且连续不断的爆竹声中,她也终于得到了解脱。我想这也是一个美满的结局,她所经受的苦难的确够多了,只愿她来世别那么苦了。祥林嫂确是最苦命的女人,但我觉得她的死并不意味着她屈服于苦难,屈服于人生,其实她才是真正的强者。

古语云:"天将降大任于斯人也,必先苦其心志,劳其筋骨,饿其体肤,空乏其身,行拂乱其所为,所以动心忍性,曾益其所不能。"可见苦难不全是苦难,人生需要苦难的磨砺与锤炼。人这一生啊,有时也由不了自己,有些事遭遇了就遭遇了吧,愿意笑看就笑看吧,其实痊愈的意思,不过是不介意地带着伤痛过下去。试着像李白那样"仰天大笑出门去",再高歌道"我辈岂是蓬蒿人",有时逼自己的人便是自己啊——能忍则忍,不能忍硬要强忍,苦了谁呢? 何不恣意骄纵!

亲爱的,朝着天空笑笑,眼泪回流,云淡风轻,其实一切很美好。

亲爱的,试着用一朵花的目光看世界,是阳光、蓝天、白云和泥土。

我很喜欢一句话——在所有物事已非的景色里,我最喜欢你;在所有不被记起的回忆里,我最喜欢你。这句话没有华丽的辞藻、浮夸的修辞,它简单朴实,任谁都能读懂,而它却像极了人生——在所有的富贵与繁华中,我不奢求功名;在所有的荒芜与苦难中,我不悲悯辛酸。(以上三段宜精简。)

论及此,感慨,感慨。我不知道"人生"的长度与宽度,我不知道"苦难"的温度与深度,我只知道人生不长而苦难不少。我并未有过什么大的不幸,就是一些小磕小碰也几乎没有,我来时的路没有荆棘,我的人生好似一杯干净平淡的白开水。或许正是因为还没有经受过苦难,所以我更加畏惧苦难,而我却在这里似懂非懂地谈论"苦难"与"人生",没有我的经历做辅料,我的文字也必定显得苍白可笑,有点儿班门弄斧也罢,我可以做的就是去设身处地地感受福贵、许三观、史铁生和祥林嫂身上的苦难。读着那些带血噙泪的文字,有时我觉着自己也可以像他们那般成为人生的强者,但谁知道呢? 事在人为。(真诚之语动人!)

苦笑。人生并非一成不变,苦难也非只钟情于苦难者。

海明威尝道:"一个人可以被毁灭,但不能被打败。"这句话径直道出了一个人在苦难面前应有的态度。我想,福贵没有被苦难征服,他不恐惧他的悲剧,他讲着自己的苦难好似这是别人的故事,与己无干;许三观亦不是苦难的奴隶,虽然他在苦痛面前一次次卖血,然而他至少不曾低头并扛起了所有的不幸;史铁生也没有被苦难打败,反而凌驾于其上,他可以在苦难面前镇定自若地说:"先别去死,再试着活一活看",这是何等豁达的情怀;祥林嫂亦是人生的强者,她忍受苦难,忍受人生,愿意流着泪抚摸红热的伤口。其实也该是这样,灼灼桃花,三千繁华,但世间独独只有一个自己,愿君安好。

最后,有一句话读后颇有感慨,亦欲赠君:"我拒绝可爱,我就是傲慢的,我绝不低头。"(可可·香奈儿)

不要因为人生中的苦难而怀疑苦难中的人生。

唉,不说了,我要去游荡。

点 评

本文篇幅长但不零乱,因为作者围绕"苦难与人生"这一主题,穿插了古今中外大量作家的作品,主干突出。阅读是积淀,写作让积淀被唤醒。作者用自己的笔墨再现了福贵、许三观、史铁生、祥林嫂等人的经历,我们在或痛苦或感动的同时,也会思考"活着"究竟是为什么。本文的引用也颇有特点,不仅有尼采、王小波、海明威等名家话语,还有籽月等青春畅销书作家的词句。大量的引用可适度删减,否则有掉书袋之嫌。另外,文章最后部分语言显啰唆,可再斟酌。

在逆境中充满希望
——读《基督山伯爵》有感

◆学校:嘉兴市秀州中学　◆作者:金馨怡　◆指导老师:孙　慧

　　人生不可能一帆风顺,各种挫折不幸难免会出现在我们的一生当中,谁也免不了接受上天的考验,但我们要对自己有信心,对未来有希望,努力做好自己,蓄力,等待能够成功的时机。(开门见山提出观点。)

　　看到"等待""希望"这两个关键词,我不禁想起一部文学作品——《基督山伯爵》,它是法国作家大仲马的代表作之一。里面的伯爵先生用他的经历很好地诠释了"等待"与"希望"。故事的材料来源于警察局里一份名为《金刚石与复仇》的案卷。这是一个蒙冤和复仇的故事,也是一个充满希望的故事,大仲马运用他的笔,化腐朽为神奇,将一个现代生活的悲剧改造成了一部浪漫主义的艺术作品,在三百多年后的今天还深受着大家的喜爱。(自然引出作品,概述简洁有力。)

　　文中伯爵先生的经历虽然很不幸,但整部作品的氛围却没有那么悲伤,特别是从伯爵先生入狱后遇到老神父开始。虽然经历了一些挫折和磨炼,但本书所营造出的氛围已经脱离了一开始的沉重感,转而走向了让人热血沸腾的路线。埃德蒙学习格斗、写作和各种学科的知识,并且居然能够将它们融会贯通,这里体现着浓厚的浪漫主义,也是这部作品令人叫绝的一个方面。

　　整部巨作让我印象最深刻的是伯爵先生留给马克西米利安的一封信,其中的一段话令我记忆犹新:

　　"在这世界上既无所谓幸福也无所谓不幸,只有一种状况和另一种状况的比较,如此而已。只有体验过极度不幸的人,才能品尝到极度的幸福。……直至天主垂允为人类揭示未来图景的那一天来到之前,人类的全部智慧就包含在这五个字里面:等待和希望!"(以上三段文字,由面到点,有镜头的推进感。)

伯爵先生所经历的不幸是无人能比的，但他却没有气馁，没有放弃，而是一直在对未来充满着希望，一直在等待着时机，等待一个反击的机会。也正是因为神父欣赏他的这种品质，为他创造了许多的条件，使他最终经历九死一生后成功越狱，同时也为自己报了仇。试问：如果他心中没有希望，又怎么能做到呢？（采用设问，掀起文章波澜。）

此时，想起丁玲的一句话："人，只要有一种信念，有所追求，什么艰苦都能忍受，什么环境也都能适应。"世界上最强大的力量莫过于希望了吧！希望就像黑夜里的一盏明灯，照亮我们的道路；希望就像冬日里的暖阳，带给我们温暖；希望就像迷茫中的一个方向标，指引我们前行。（名言的引用，排比、比喻等的使用，增添了文学性，加强了说服力。）

对于一些生理上有缺陷的人来说，希望是上帝伸出的唯一的手，是他们迷茫中唯一的路标。张海迪于轮椅上学会二十六国外语，霍金在病重的情况下写出了《时间简史》。他们的成功不正是希望焕发的不灭光辉吗？而史铁生，戏称自己是"著名病人，业余作家"，在轮椅上用一支笔写成的《灵魂的事》打动了无数人。（熟知的事例该如何来论证，此处可做范例。）"但是太阳，他每时每刻都是夕阳也都是旭日。"一个生命犹如"夕阳"般脆弱的人，竟然用这样的方式，散发出了"旭日"的光辉。可以说，希望是生活下去的勇气，是前进的动力。

这不禁让我想到二十世纪初的中国，列强入侵，日本虎视眈眈，国内军阀割据，天下大乱。这样的中国似乎久病难医，但值此危机存亡之际，梁启超先生奋然提笔，"红日初升，其道大光。河出伏流，一泻汪洋。……壮哉，我中国少年，与国无疆！"《少年中国说》犹如黑夜中的一盏明灯，将希望传递给了每一个徘徊在黑夜中的人。于是乎，奇迹出现了，不到半个世纪，中国已然摆脱了黑夜，冲向了新的光明，希望对于一个国家，也是同样地不可缺少。

再来看看我们伟大的共产党，面对当时满目疮痍的中国，没有选择放弃，而是在逆境中看到了希望，看到在不久的将来，中国一定会变得更好。虽然经历了"四一二"反革命政变，虽然因为第五次反"围剿"失利不得不开始两万五千里长征，但他们依旧是充满希望的。这中间经历了山高路险、人烟稀少、缺医少药、断粮欠饷，还有皑皑雪山、无边草地、大渡河横、泸定索桥、湘江乌江、赤水沙江（四字短语的大量使用急促有力，极写出环境特点。）等恶劣环境，试问如果不是心中充满着希望，又怎会完成这一次伟大的长征，留下人人所歌颂的长征精神呢？再后来，十四年抗战，四年内战，如果不是充满希望，又怎么能够成功建立新中国？在新中国的建设中,如果不是充满希望,又怎么会有我们的今天呢?

要在逆境中充满希望,不管于个人还是于党于国家,希望都会是一股强大的力量,指引着我们走出迷茫,走出困难。在今后的生活中,我们要用希望照亮前方的路,用希望铸("铸"字用得有力!)成一颗勇敢的心,在希望中拼搏,努力做出一番成就,为建设中国特色社会主义出一份自己的力!

点 评

文章主旨明确,例证恰当。但段落间衔接得还不够自然。最后部分对主旨的升华显生硬,想法可取,写法略显僵硬。文章总体尚可,不难看出小作者有自身的见解。

看岁月静雅如流
——读杨绛先生的《我们仨》有感

◆学校:嘉善高级中学　◆作者:计涵青　◆指导老师:宋　婕

冬日的暖阳之下,我再次翻开了这本质朴简约的书,款款深情,丝丝入心。(开篇干净利落。)《我们仨》讲述的是尘世中一个奇妙的组合:父亲钱钟书,母亲杨绛,女儿钱瑗。六十年的缘起缘灭,因为离合成就了这一段俗世雅事。九十二岁的老人杨绛先生,夫逝女亡,静思人生,追忆往事。(运用短句,有力。)

全书分三部分:第一部分《我们俩老了》只用两页篇幅讲述了一个"长达万年的梦"。第二部分《我们仨失散了》用意识流写虚实梦境,是一家三口在古栈道上的离合聚散。虚实相间,梦起梦醒,是他们一家三口在一起走过的最后一段人生路的写照。第三部分《我一个人思念我们仨》是着墨最多的篇章,把一个家庭最普通平凡的日日年年娓娓道来。从两口之家的甜蜜,到与爱人同去牛津的学海中徜徉,再到小圆圆的降生与成长,静默无喧嚣,平淡而美好。(介绍全书结构,很有概括力。)

随着家人离世,天上人间,阴阳殊途,却难断挚情。杨绛先生独伴青灯,用心灵向彼岸的亲人无声地倾诉着。语言含蓄节制,难以言表的亲情和忧伤弥漫其间,令人动容。词句间的黑白底色,(比喻用得好。)从年轻时的含苞待放到暮年的沉着坚毅,没有一丝市侩气息。在浪涛滚滚的尘世间,苍老身躯下珍藏的绵长亲情,忘名利舍富贵,书香四溢,如入芝兰之室。

不得不承认,杨绛先生的文笔是文苑的一朵奇葩,着墨简洁流畅,构思精巧灵动。如康亦庄老师所言:"虽然摹写的是现实,却在世界的倒影里凌空飞翔。含蓄而清馨,自然又隽永。"钱钟书夫妇的低调和博学让我衷情,("让我衷情"不妥,不如用"让我赞叹"。)而钱老的幽默和杨老的平和更是让人起敬。他们面对困苦时恬淡平静,面对荣誉时内敛低调,为人处世只求无愧于心,平凡中显出不平凡,真真值得我学习借鉴。

书中最后写道:"我清醒地看到以前当作'我们家'的寓所,只是旅途上的客栈而已。家在哪里,我不知道,我还在寻觅归途。"举目四望,我的家就在我的身旁:市区里一套小复式,普通的设计与装潢,爸爸在午后暖阳下睡得正酣,妈妈细心地晾着泛皂香的衣物。(联系自身,自然过渡。)我的心底涌起一股莫名的温柔。我明白了,爱最怕刻意求工。爱可以荆钗布裙,爱可以粗茶淡饭,爱能让喃喃细语压过电闪雷鸣。(连用三个以"爱"开头的句子,富于表现力。)而家朴实平淡却意蕴隽永,是黄昏湖边的搀扶,是灯下互助拣去丝丝白发。家是一件旧风衣,风也是它雨也是它。(把家比作旧风衣,别致。)家虽非一见钟情,却望见白头偕老的漫漫旅程。而对我而言,家就是有爸爸、妈妈伴我左右。

《我们仨》使我读懂了家的含义,如同在寒冷的日子里望着太阳,心不知不觉暖洋洋的,泛起层层绿意;像在做一个寻寻觅觅的万里长梦,凝视一个单纯温馨的学者家庭,相守相助,相伴相失。(这两句比喻,有创造力。)恍惚间我似乎坐在了先生家的小板凳上,屏息凝神听一位学识渊博、细腻端方的女学者细声细语地讲话……(回扣开篇。)

点评

作者文笔干净,语言秀美。作者热爱阅读,善于表达。文章先写自己的感受,再写作品的结构及内容,并联系自己的现实生活,首尾照应,条理清晰,是一篇佳文。指导老师的评语很到位,故录入如下:"计涵青同学文笔细腻,娓娓道来,颇为动人。她读百岁杨绛先生,带着自己的澄澈无邪,不仅读懂了杨绛先生质朴无华最见深情的文字,还从一个高中生的角度去理解联想,诠释出自己对于'家'的独到理解。简单的道理,明亮的心灵,温暖的感情,这些饱满的内容都通过她的款款文字,真情流淌出来,故颇见文学造诣。"

理想的生活
——读《月亮和六便士》有感

◆学校:海宁市南苑中学 ◆作者:范冰亿 ◆指导老师:于美霞

满地都是六便士,他却抬头看见了月亮。

——题记

便士是英国最小的货币单位,代表了现实与卑微;月亮是可望而不可即的,代表了圣洁的理想。是低头捡起六便士,还是抬头仰望月亮? 这是选择现实还是理想的问题。(题解很好。)《月亮和六便士》,初见这书名我便毫不能抵抗地被吸引了。(这句有些不通,建议改为"一见这书名,我便被吸引住了,毫无抵抗之力"。)

此书的主角斯特里克兰德的原型是印象派三大巨匠之一的保罗·高更。(此句太长,建议改为"主角斯特里克兰德的原型是保罗·高更——印象派三大巨匠之一"。)不过斯特里克兰德的一生比保罗·高更更富有戏剧性与传奇色彩。斯特里克兰德是一个自私、粗鄙却又纯粹的人。(这句话放在段首更合理,可总摄全段。)他抛弃似锦前程,抛弃娇妻,只身一人前往巴黎,就只为单纯地画画。五年后他贫病交加,躺在小阁楼中奄奄一息,幸亏别人出手相救,才捡回来一条命。再到后来,他沦为码头工人,自我放逐到太平洋的小岛上,身患麻风,双目失明,临死前让人把他的巅峰之作付之一炬。他抛弃一切羁绊,越过大半个地球,越过文明,越过人性,终于追上了他的噩梦。("追上了他的噩梦"一句让人费解。)

这并不是一个年轻人如何历经艰险实现辉煌的励志故事,而是一个功成名就的中年男人抛弃一切只为画画的事实。("不是……而是……"这个句子太长,不合汉语的习惯。)全世界都在追逐梦想,而他却在追逐自己的噩梦。被梦想俘虏的人就是在追逐自己的噩梦。(语意费解。)但是这之于他就是理想的生活。生活的理

149

想就是为了理想的生活。

究竟什么才是理想的生活？充裕的物质？美丽的娇妻？美满的家庭？

"生活在自己喜爱的环境里，淡泊宁静、与世无争，这难道是糟蹋自己吗？与此相反，做一个著名的外科医生，年薪一万镑，娶一位美丽的妻子，就是成功吗？我想，这一切都取决于一个人如何看待生活的意义，取决于他认为对社会应尽什么义务，对自己有什么要求。"

现在人们总是用太多的利益去衡量一件事物，（改为"人们总是计较太多的利益，用利益衡量一切事物"。）但利益永远都不可能成为一个量度，（这句在逻辑上讲不通，只能说"利益不可能是唯一的尺度"。）一件事物（"一件事物"讲不通，可以说"任何事物"。）重要与否往往在于你对它的热爱程度。这段话让我想起了一个"流浪"歌手——搂大卫。他生于西班牙这个天气与人同样热情的国家，却执着于冰球，他考上了西班牙最好的医学院却放弃了本可以安享的五十年医生生活。（如果用短句，会通顺些。）他热爱音乐，热爱文学，所以他并没有成为医生而是选择来到中国，（不一定是因果关系。）成了一个"流浪"歌手，并把他自己的经历写成了一本书。他选择了自己想要的东西，选择了自己理想的生活。这个世界总有一些人为自己而活，追求自己喜欢并认可的东西。那些自己心心念念的事情，在任何时候去做都为时不晚，就像有人指引你一般，让你更靠近理想的生活。

但是我们每个人不都是斯特里克兰德，不都是达·芬奇，不都是爱因斯坦，（三个"不都是"改为"都不是"更好。）他们都是各自领域的天才，被后人奉为传奇。（"他们的故事成为传奇"。）不过他们在从事那一领域工作的时候知道自己是天才吗？可以很肯定地说，他们不知道。他们只是因为热爱那项事业，那是他们的梦想。他们追逐自己所热爱的，然后心满意足地死去，就这么简单。所以不论我们身处何方，受着什么样的教育，变成了何种模样，一定都要为自己而活，每个人都值得拥有自己理想的生活。

正如斯特里克兰德所说的："大海却总是那么平静，总是沉默无言、声色不动，你会突然感到一种莫名的不安。也许这只是我自己的一种怪想法（就是在那些日子这种想法也常在我心头作祟），我总觉得大多数人这样度过一生好像欠缺一点什么。我承认这种生活的社会价值，我也看到了它的井然有序的幸福，但是我的血液里却有一种强烈的愿望，渴望一种更狂放不羁的旅途。这种安详宁静的快乐好像有一种叫我惊惧不安的东西。我的心渴望一种更加惊险的生活。只要在我的生活中能有变迁——变迁和无法预见的刺激，我是准备踏上怪石嶙峋的山崖，奔赴暗礁满布的海滩的。"

愿我们拥有乘风破万里浪的勇气,追逐理想的生活,拒绝成为"人们"里的那个"们",做一个真正的"人"。

满地都是六便士,他却抬头看见了月亮,而我也想抬头看看月亮。

点评

作者从《月亮与六便士》这本小说中读出了自己的一些体会,要追求自己的梦想,成为自己梦想的主人。可是作者使用语言文字实在太"任性"。作文要有读者意识,要为读者的阅读方便考虑,句子写成后,一定要多读读,发现不通的地方,务必改过来,使之符合读者的习惯,这是作文的方法,更是作文的态度。

山顶的日出

——读《老人与海》有感

◆学校:浙江省嘉兴市第一中学　◆作者:郭昕悦　◆指导老师:薛　慧

　　　　　　在我的一生之中,早晨的太阳总是很刺眼。

——圣地亚哥

　　倘若在读完一个故事之后要回过头去回忆它的话,这是一部轻而易举就能回忆起来并概括它的小说。它太有名了,有名到只要读过那句"你尽可以杀死他,但你永远无法打败他",就能回想起整个故事。

　　或许作者的初衷本在于此。在这种意义上说,这也体现了这个故事的伟大之处,它是一种超越时间、民族和信念的精神。然而这样一种永恒或者说是老套的价值取向和这样一个耳熟能详的故事,能在文学史上屹立至今,自然有其无法诉诸语言而只能通过情感表达的东西。(从一个侧面展现本书的影响力,提纲挈领。)

　　能经历大海的风浪和贫穷的折磨的人,做这样一个故事的主角再合适不过了。海明威做过战地记者,跌宕起伏的人生遭遇和见闻能让他从命运的风暴中抓住一个微小的沙砾,再从这微小的细节里窥见命运的难以捉摸和人性的伟大。当然,文学作品一旦存在,留给读者的不仅仅是带有作者个人色彩的东西,还有读者独立思考的感受。(由个性到共性,有深入的思考。)

　　对于圣地亚哥的形象,普遍都认为是海明威所崇尚的完美的人的象征。他可以是海边一个瘦骨嶙峋的老人,也可以是小餐馆里头发油腻身材发胖的中年男人,也可以是穿着古板裙子脸上布满雀斑的家庭妇女。他们同样为生活的苦痛所折磨,无从解脱乃至麻木。但圣地亚哥在诸多形象中脱颖而出的原因,却在于书名的另一部分——海。(从创作的角度提出观点,令人耳目一新。)海洋的存在使得老人与其他平凡人区别开来,它是自然中俯视众生的法则,像温柔的母亲,又像毁灭性的灾难。(三言两语即点明"海洋"之不同寻常。)

圣地亚哥身上最动人的地方,是面对不可抗拒的自然始终不屈不挠、坚定如铁的意志。

神话中西西弗斯日复一日年复一年地推石头上山,石头禁锢了他,成为他的局限;而石头同样成就了他,尽管这成就可悲可叹,但究其根本,没有人能探究他的内心。推石头上山到底是他的局限还是他的意志,无从回答。(宕开一笔,展现经典中的异曲同工。)

圣地亚哥的局限是海,是生命的脆弱,是生存的覆灭;而当斗争成为他的本能时,死却并不是一件能束缚他的事,海也不再是他的局限,而成为了他的意志。

这意志藏在沙漠中风化了的古老沙土里,藏在星夜中暗淡的月色里,藏在打开时总是会划伤手的沙丁鱼罐头里,藏在平凡的无从说起的细节里,被庞大的时间吞没,根本无法用指尖摸索出它的样子。(四句"藏在",虚实结合,意境深远。)

但我们知道,它就在那里。

海明威没有故意创造一个凄惨的形象,甚至为他留了一线温情,比如那个像冬日干燥阳光一样温暖的孩子。然而他用最犀利深刻又最鲜血淋漓的笔法,从最初老人的自我拷问"是什么把我击垮了呢",答案是"什么也没有",到最后他朝孩子说"它们打垮了我",孩子却反驳他,"它们没有打垮你"。问题的答案其实已经不重要了,或者说重要的从来不是人是否被打垮这个问题,而是老人终于对自己有了疑问。

这是人性的本能,会畏缩,会退却,会胆怯。而同时,圣地亚哥还是"完美的人的象征"。这种冲突残忍而真实,它向我们剖开真实的生活,一半是折磨,一半是信念。(思考推向纵深。)

命运最能摧残一个老渔夫的方式,就是将他耗费巨大精力和时间所捕得的一条大鱼变成一副庞大的骸骨,仿佛是空洞悲惨的遭遇里一座硬如磐石的丰碑。命运什么都不舍得留下,什么好处都吝啬给予,唯有直面的勇气和意志,像梦里的狮子和太阳,在横亘人生的苦难中,不屈不挠地指引着他走下去。

然而,无论身处伟大或渺小的时代,眼见的是这个世纪辉煌的开幕还是潦草惨淡的收场,诉诸语言的是温柔动人的诗句还是辛辣讽刺的俗话,一个人所能经历的,或者说一个生命所能经历的,从来不受限于世界的格局。

正如莎士比亚所说的,"纵然我受困于果核之中,依然是无限空间之君主"。

（时空在变，精神永存。）

大半个世纪过去了，世间涓滴信念被风浪裹挟去，江河入海回不了头。海洋依然是无法撼动的庞大的海洋，石头依然是沉重得难以负担的石头，宿命依然是无法抗争的悲惨的宿命。

可这世上却仍有西西弗斯，仍有圣地亚哥，仍有坚硬如铁的不屈的灵魂。他们终将行至生命与时间的尽头，看见山顶的日出，梦见沙漠的狮子。

点评

不是情节内容的简单再现，而是精神价值的深度思考，作品起点高、论述深，体现了小作者优秀的思维品质。本文语言精美，意象选择大气，句式选用有气势。结尾提升恰当，有韵味、不庸俗。

藏在身后的爱

——读《目送》有感

◆学校:浙江省嘉兴市第一中学　◆作者:计雨彤　◆指导老师:朱瑜冬

"我慢慢地、慢慢地了解到,所谓父女母子一场,只不过意味着,你和他的缘分就是今生今世不断地在目送他的背影渐行渐远。你站立在小路的这一端,看着他逐渐消失在小路转弯的地方,而且,他用背影默默告诉你:不必追。"

从五年级时第一次在表哥的书架上望见那草色的书脊开始,我就无法对这本书忘怀。(开篇直入,表明此书对自己的影响之深。)

目送。只两字,简单明了。可我的脑海里总是能浮现出一个场景,一个潮湿的雾蒙蒙的场景,有一个人模糊的背影,还有一双藏在雾里的眼睛。

那个时候我压根儿都没有读过这本书。

可即便读完了,闭上眼睛再去回味,脑海里浮现的还是那样的场景,一个人的背影,一个人的眼睛。

我曾有一次离开父母半个多月,去北方参加一个比赛。因为有不少事情要做,也有朋友们的陪伴,所以并不觉得孤单。只是有一次打电话回去,从手机里听到了两个声音,跨越了一千多公里,我听到他们说:"我们要是能过去看你就好了。可是我们没有空闲的时间,我们还要上班。女儿,对不起,真的很对不起。我们要是能去就好了。"我当时很豪气地告诉他们没有关系,但是挂断电话后,倚靠在墙上,回想他们,心里有点堵,有点难过。我想象着他们目送我离开的场景:一对夫妻站在人群里,看着他们的女儿和同伴站在一起,然后上了车,车开走了,连看也看不见了。那眼光里一定有期待和骄傲,但也一定还有担心和抱歉。(通过自己的经历再现,而不是直接复述作品内容,把自己对作品的直观感受表达出来。)

有的事情是没办法的,比如说离别。我们都注定要被谁目送着远去,又目送着谁远去。(转一笔,语言精练,引出下文。)

我其实是个记性不太好的人,总是丢三落四忘东忘西。但有段记忆一直消散不去,即使它在我心里已经支离破碎,那残余的一点过去的光影也不曾磨灭。那往事的确有些久远。在我还在上幼儿园的时候,父母亲为了更好的生活,随亲戚北上做生意。我曾跟着去过,后来还是回到故乡,与他们分开了两年。想来那个时候自己也真是厉害,每次父母回家探亲,离别之际总会大哭一场,那哭声我至今都忘不了,一忆起就在脑子里嗡嗡响。我每次都会这么闹,但每次也只能透过眼泪模模糊糊地看着他们离开我的视线,再继续哭,一直哭到脱力,只能靠在奶奶身上抽抽搭搭地打嗝才停下。(再次结合自己的经历,更强烈地表明小作者与原书作者的共鸣。)

现在我长大了,离开了那个小村,在城里生活,偶尔回去看望还留在那里的老人。这几年我们已经不在乡下过夜,吃好晚饭之后一定会回城里去。奶奶也是这么望着我们,在车子转过弯道后还在望着,我不知道她会望多久,我在车上已经望不到她了。我记得以前还和我一起生活的时候她就一直望,望她的儿子离开的那条路,远处的公路上开过一辆车,她就会拽着我的手让我看,还会感叹车子开得真快——她以为是爸爸的车子。谁知道是不是爸爸妈妈的车子呢?我觉得多半不是。

龙应台在书里这么说:

"我一直在等候,等候他消失前的回头一瞥。但是他没有,一次都没有。"那是她刚上幼儿园的儿子。

"我看着他的小货车小心地倒车,然后噗噗驶出巷口,留下一团黑烟。直到车子转弯看不见了,我还站在那里,一口皮箱旁。"那是她开着货车心怀愧疚的父亲。

我想象得出那双眼睛:瞳仁里映出的是一个远去的背影,眼眶里是期待不舍,还有一点失望或是愧怍,满满当当。可我却看不到夕阳下奶奶那不算透亮的眼里,除了映射出的金色余晖,是不是还有别的东西。我只知道这个老人和龙应台一样目送着自己远去的亲人,然而每一次她盼的只是他们慢一下的步伐和回过头来的一个眼神,十年如此。

有些人有些事是注定留不住的。可我们还是望着,目送着对方远去,即使他不回头,就像龙应台和安德烈,就像当初的我和父母,就像一直以来的奶奶和我们。

我们知道那个背影我们不必追随,也追随不到。可即便是得不到一个回眸,我们仍然选择目送着那离人，直到他已久久不见。面对注定别离的现实，我们只希望，能在牵挂之人的身后，用饱含着绵绵情意的目光，送他一程，越远越好，仿佛这样就能将心里的牵挂和爱无言地传达。（以上三段议论，由自己再扩大到"我们"，语言优美，意义深刻。）

离去之人，你在踏上行程之时，可曾想过，在你看不到的身后，有着怎样一双眼睛，浸透着怎样的爱？

我不知啊。

 点 评

本文特点是将对书的感受与自身的经历有机地结合起来。语言表达的功底深厚，情感流露适当克制，自身经历的再现没有喧宾夺主之感，反而使文章显得更真实可信。这样的尝试，对我们的写作有一定的启发性。

可卿，可卿

——读《红楼梦》有感

◆学校:浙江省平湖市当湖高级中学　◆作者:王依婷　◆指导老师:金　中

情天情海幻情身,情既相逢必主淫。

漫言不肖皆荣出,造衅开端实在宁。

——《金陵十二钗判词》

秦可卿,一个真正出场不过三回的女子,却是整个红楼世家兴衰的起因与线索。她,是秦业从养生堂抱来的孤女;她,是宁国府的蓉大奶奶;她,是太虚幻境中警幻仙子的妹妹,乳名兼美。兼美,意为兼钗黛之美,表字可卿,原是个钟情的首坐,管的是风情月债,这似乎又与宝玉的关系添了一丝暧昧。(寥寥几笔,点明秦可卿的身份地位,显示小作者积累之深。)

可卿长得袅娜纤巧,性格风流,行事温柔和平,被贾母赞为重孙媳中第一个得意之人。自她嫁入贾府后,获得了合族上下的同声赞美。尤氏护着她,贾母怜惜她。凤姐与她感情尤深,时常去找她说话。可以说她是"贫女得居富室",鱼游春水,没有丝毫的自卑之感,可是在她最好的年华却抑郁而终,这着实让人深思。(对秦可卿是"养生堂抱来的孤女"这一身份起疑心,引出下文。)

《红楼梦》中,贾史王薛乃四大家族,他们是互相扶持、一荣俱荣、一损俱损的关系,婚配首先自然在这四大家族中挑选。贾代善之妻是金陵史家的,就是书中辈分最高的老祖宗贾母;贾政,其妻金陵王氏,王夫人;稍差一些的就是贾珠,其妻李纨;再不济,贾珍之妻尤氏,贾赦之妻邢夫人,这些毕竟是填房,所以要求也不能太高。但是以上的人都是来历清楚,家庭也有一定权力与财富的,当然不能和贾家相提并论。作为宁国府三代单传的贾蓉,娶媳妇定不可随意,而正如我们所知,其妻秦可卿是养生堂抱来的孤儿。曹雪芹对她的描述是："他的父亲秦(邦)业,年近七旬,夫人早亡。因当年无儿无女,便向养生堂抱了个儿子并一个女儿。谁知儿子又死了,只剩女儿,小名唤可儿。长大时,生得形容袅娜,性格风流,因素与贾家有些瓜葛,故结了亲。"他的父亲秦业不过是个宦囊羞涩的小官,又有何能因为一些瓜葛就与贾家结了亲?

秦业为什么要去养生堂抱养秦可卿? 在当时,延续子嗣的方法有许多,可以纳妾,可以续弦(他的原配死了)。是他没有生育能力吗? 不然,我们从后文可知,秦业在五十多岁时有了秦钟。再退一步讲,即便要去养生堂抱养,为何抱一子一女呢? 抱两个男孩岂不更可靠! 而当另一个儿子死后,秦业也没去再抱养一个。这着实让人起疑。(细致地推敲,让秦的身份愈显扑朔迷离。)

邢岫烟因家庭背景而自卑,迎春、探春、贾环都因为血统困扰而自卑。而这几个人的出身又有哪一个比秦可卿低呢? 他们在贾家尚且如此,而秦可卿以这种身份嫁进贾家,为什么竟没有为自己的血统与家庭背景感到丝毫的自卑与不适应,直到最后也只是有一丝愧疚?

我们再来看其他人对秦可卿的评价。

贾母:"素知秦氏是极妥当的人,生得袅娜纤巧,行事又温柔和平,乃重孙媳中第一个得意之人。"

尤氏:"他这为人行事,那个亲戚,那个长辈,不喜欢他? ……虽则见了人有说有笑的,他可细心又多,不拘听见个什么话儿,多要忖量个三日五夜才罢。这病就是从这用心太过上得来的。"并且叮嘱贾蓉不可难为她,不能招她生气。

就连贾家富贵眼的代表王熙凤也与她是密友的关系。

在当时的封建王朝下,这些是对待一个小官宦家庭的女儿的寻常态度吗?

还记得秦可卿带宝玉去她自己的卧室午睡时的描写吗?"案上设着武则天当日镜室中设的宝镜,一边摆着飞燕立着舞过的金盘,盘内盛着安禄山掷伤了太真乳的木瓜,上面设着寿昌公主于含章殿下卧的榻,悬的是同昌公主制的连珠帐。"这段文字不仅仅是描写了秦可卿生活的奢靡,实则再次暗示了她的真实血统可能高于贾府。武则天——女皇,赵飞燕——宠妃,安禄山——篡权,寿昌与同昌公主属皇室血统,后者的事件没有丝毫显示淫荡,在这儿说秦可卿生活淫荡未免太牵强。(大胆质疑以往红学家的观点。)

学者刘心武提到送宫花这一章前有一首回前诗:"十二花容色最新,不知谁是惜花人?相逢若问名何氏,家住江南姓本秦!"这首诗隐藏着对秦可卿血统的暗示，刘心武提出秦可卿才是真正与宫花相逢之人。我们且看本应得到宫花的几个小姐：迎春与探春很显然与宫花不存在相逢的关系，当宫花送到探春手中时，她正在与智能玩，并不在意这宫花，并说以后也要当尼姑；第三个则是林黛玉，这个大家应该都印象深刻，她在耍小性子；最后一个则是贾府的管家——王熙凤，薛姨妈本说给她四枝，她匀了两枝给秦可卿，可见秦可卿才是与宫花相逢的命运，而且从中可以看出王熙凤对待宫花的态度：不稀罕，又何来惜花之说？而从最后一句诗中可隐约推出秦氏便是惜花之人。

研究者普遍认为因贾珍溺爱，秦可卿享受到异常奢侈的生活，她的私生活也很混乱，以致体弱多病。父亲秦业疏远她；大总管赖二违令派焦大送秦钟回家，借刀焦大醉骂令她难堪；秦钟在外受金荣欺负，金荣的姑妈璜大奶奶还欺上门来，气势汹汹要找她评理，虽然尤氏替她挡过一劫，但是她已因焦大醉骂、流言蜚语、闹学堂而种下心病，暗生闷气，茶饭不思，继而抑郁而亡。

我们来看看对秦可卿判词的配图：一座高楼，上面一美人悬梁自尽。

再来看看秦可卿对自己病情的评价：任凭他是神仙，治得了病治不了命。（冷静自持，以旁观者的口吻叙述。）

为何秦可卿对自己得病的判断如此不合常理？为何是治得了病却治不了命？

加上名医张友士的诊词："大奶奶是个心性高强聪明不过的人，聪明忒过，则不如意事常有，不如意事常有，则思虑太过。此病是忧虑伤脾，肝木忒旺，经血所以不能按时而至。"

以及他对贾珍说的话："大爷是最高明的人。人病到这个地位，非一朝一夕的症候，吃了这药也要看医缘了。依小弟看来，今年一冬是不相干的。总是过了春分，就可望全愈了。"

贾蓉也是个聪明人，也不往下细问了。

秦可卿在贾府深受爱戴，为何会突然焦虑起来？统观全文，有什么值得她焦虑的呢？

再来看看张友士的身份，曹雪芹的文字上说他是冯紫英的一个朋友，然而在章回标题上却是"张太医论病细穷源"，这个太医的身份又有何说法？

在此，著名红学研究者刘心武指出：秦可卿是在曹雪芹的现实生活中有原型的，她是夺嫡中弱势一方的血脉，他们虽暂时处于弱势，却还是有东山再起的机会的，因此她被送出宫，由与太子交好的曹家接收，她就是被二立二废的康熙之子胤礽之女，也就是康熙的嫡孙子的妹妹。这在《红楼梦》中也折射出来了，不知你是否记得在周瑞家的送宫花时对香菱的评价，大意就是说她与秦可卿很像。而在《红楼梦》第一回中，僧人对香菱的评价是：有命无运，累及爹娘之物。可见秦可卿与之相似，生命取决于家族。因此她得的是一种政治病，是她身后的政治集团需要牺牲秦可卿来得以缓兵，为她的家族积蓄力量。而宁国府收留秦可卿也是一种政治投资，若赢了则是开国功臣；只是很可惜，收留秦可卿之事被人告密，因此也埋下了往后贾府的祸患。

　　"画梁春尽落香尘。擅风情，秉月貌，便是败家的根本。箕裘颓堕皆从敬，家事消亡首罪宁。宿孽总因情！"（《好事终》）（结尾以曹雪芹评价秦可卿诗句作结。）

点评

　　小作者自身有对秦可卿的认识，也借鉴了网络上大量的观点。中国红学博大精深，想有造诣并非易事，小作者的勇气与钻研精神值得肯定。秦可卿的人生经历与贾府的兴亡有隐晦且密切的关系，并非几千字就能说清说透，并且许多细节之处还有待考证。另外，从文章结构角度，后半部分略显杂乱。在整体布局上，特别是标题与结尾，较为新颖可取。

没有谁是一座孤岛

——读《岛上书店》有感

◆ 学校:嘉兴市第五高级中学　◆ 作者:徐恬慧　◆ 指导老师:沈　今

每个人的生命中,都有最艰难的那一年,正是它,将人生变得美好而辽阔。

美国作家加布瑞埃拉·泽文所著的《岛上书店》堪称从形式到内容都极其精致的"心灵鸡汤"。主人公A.J.费克里生活在艾丽丝岛上———座与世隔绝的小岛,经营一家书店。而人生难免会遭遇不幸,(此句可删,复述故事最好不要有这样的议论。)他的爱妻去世,书店面临无人买书的危机,宝贝《帖木儿》遭窃。他的人生陷入僵局,内心沦为荒岛。一个被遗弃在书店的小女孩,玛雅,拯救了陷于孤独绝境中的A.J.费克里,为他的生活带来了转机。

在文章的开篇,A.J.费克里说:"我不喜欢童书,特别是有写到孤儿的。"但随着故事情节的发展,A.J.费克里却收留了一个出现在书店的孤儿,并陪她一起看童书。之所以发生这样巨大的转折,是爱改变了一个人。爱与被爱的力量是强大的。我想,是爱支撑着A.J.费克里度过人生的不幸与悲哀,甚至战胜死亡的恐惧;是爱使得A.J.费克里收养玛雅,不再孤单,体会到责任感;是爱拉近A.J.费克里与阿米莉娅的距离,让他学会付出和承担。(三个"是爱"句,排比有力。)即使是微不足道的爱,或许不易感受到,但却可以深深影响和改变一个人。(即使……或许……但却……这样写不通。可改为"即使微不足道的爱,也可以深深影响并改变一个人"。)

我们因为爱一个人而爱上世界上的其他人与事物。爱,让生命变得丰润而辽阔。喜欢书中的文字:"因为从心底害怕自己不值得被爱,我们独来独往,然而就是因为独来独往,才让我们以为自己不值得被爱。有一天,你不知道是什么时候,你会驱车上路。有一天,你不知道是什么时候,你会遇到他(她)。你会被爱,因为

162

你今生第一次真正不孤单。你会选择不用孤单下去。"（或许是翻译的原因,这句话让人读起来很不习惯。）

没有人会漫无目的地旅行,那些迷路者是希望迷路。可以说,A. J. 费克里是个孤独症晚期患者,因为爱,性格孤僻的他不再封闭自己,不再愤世嫉俗,他学会敞开心扉,与人交流,建立关系。(连用两个"不再",有力。）因为对书的热爱,他与玛雅有了更深的"父女"情;因为对书的热爱,他与阿米莉娅擦出爱情的火花,两人有了更多的了解;因为对书的热爱,他结识了警官兰比亚斯,有了更深厚的友谊。(三个"因为"句,有力。）小岛上的生命紧紧相依,对书和生活的热爱周而复始,愈加汹涌。

A. J. 费克里因为爱,度过了自己最艰难的一年,开始变得有信仰、有追求,有了自己爱的人和爱他的人。他学会了与人沟通,勇敢面对爱情。现实生活中亦是如此,无论是亲人还是朋友,只有先去爱别人,别人才会爱你。付出与得到是相互的。在A. J. 费克里的生命结束之前,他学会了爱,也感受到了别人对他的爱,正如结尾所说:"我们不是我们所收集的、得到的、所读的东西,只要我们还活着,我们就是爱,我们所爱的事物,我们所爱的人。所有这些,我认为真的会存活下去。"

读完这本书,A. J. 费克里的形象令我有了似曾相识的感觉。过去的我是一个内向、不善于交流的女孩,但正因为其他人的热情与爱感染了我,使我变得开朗。生活之所以精彩,是因为世界充满了爱与被爱。

假如人生给了我一杯苦茶,我不会总记着苦不放。这杯苦茶反而会让我不再懦弱,苦味过后唇齿间也会透着那迷人的醇香,让后来变得更加美丽而坚强。(这个比喻原本挺好的,但有语病,说"让后来变得更加美丽而坚强",不如写成"让我后来变得更加坚强、美丽"。）

没有谁是一座孤岛,没有谁无路可走,只要你肯付出和接受爱,人生终将重生。("人生"不能重生,只能写成"人终将重生"。）

点评

紧紧抓住作品中的一句话,谈自己的理解和感受,笔力较为集中。作者热衷于比喻和排比的运用,增加了文章的文采。只是有些句子还不够通顺,不够简练。这是中学生写作中常有的情况,如果写完之后,自己再多读几遍,养成修改的习惯,文章会写得更好。

那般惊艳那般才

——窥红楼"铁娘子"的管理艺术

◆学校:平湖市当湖高级中学　◆作者:王梦园　◆指导老师:张蓉芳

　　读者大多对王熙凤不齿,也许源于《聪明累》判词说的,"机关算尽太聪明,反算了卿卿性命。生前心已碎,死后性空灵"。王熙凤手段是辣,但更多的是一种管理手段,出于一种管理需要,所以贾府上下不得不服——下人怕,主子们赞。至于"家富人宁,终有个,家亡人散各奔腾""忽喇喇似大厦倾,昏惨惨似灯将尽",又不是谁能左右的,王熙凤如何挽得住"大厦"倾覆!(总提全文。)

　　"呀!一场欢喜忽悲辛。叹人世,终难定。"是的,红楼里的奇女子是那般美丽令人惊艳,那般卓荦令人钦慕。(两个"那般"句,加强感叹效果。)

　　综观全球,越来越多的女性在政治事务中发挥着越来越重要的作用。她们美貌与智慧并存,她们温柔而坚韧;她们有着绝不输于男性的理性判断,更多了几分女性独有的才情与韵味。她们凭借自己的实力与魅力在自己的舞台上大放异彩。(三个"她们"句,形成排比,有气势。)在红楼梦中就有这样的女性,虽然迫于社会的压力,她们只能在深宅大院里相夫教子,但这并不妨碍她们在处理家族事务中展现自己优秀而独到的管理艺术。王熙凤与探春无疑是其中的翘楚。虽然思想、风格迥异,想法、才情不同,但她们的过人处均值得我们细细品读。(指出两人的不同,为下方分析张本。)

　　探春与熙凤,身份、地位、成长阅历各不相同。熙凤久经沙场,深谙人情世故,做事成熟老到;探春则初生牛犊不怕虎,想法独到。(对比鲜明。)在全书中,探春的理家才能集中体现在第五十五回替凤姐管理荣国府。熙凤的才能体现相对分散,但第十四回掌权宁国府,作者却用了大量笔墨大肆渲染。彼时两人的管理说到底不过是"代理",不多时,熙凤回归荣国府,探春则继续"回家写字"。因为少了些许人情上的顾虑,得以令二人的才能发挥到了极致。舞台重要,才能更重要。那种才华,仅从我对二人所做的一些简单分析,又如何能道尽她们的非凡和脱俗!

最为出彩的是对于财政权力的把握。经济基础决定上层建筑,两人都深谙此理。因此,熙凤在掌管宁国府之时,事无巨细,小至香油物什都需在她处汇报令牌,连宝玉的上学之用凤姐都亲自"求情"讨要。若财政大权旁落,处理不好,极易滋生腐败偷懒之弊,因此哪怕再累再琐碎她也紧紧抓住不放。而在人情关系方面更有优势的探春则首先向自己的兄弟姐妹开刀。开支缩减,自己也是"受害者"之一,而自己的兄弟姐妹较为亲近,也不怕得罪了谁,客观上这笔支出也确实多余,探春这精细的一笔不仅以决策服众,更显示了自己在财政权上的掌控力。服众,就要从经济管理上开始。(结合具体的事件分析,言之凿凿。)

除此之外,两人的分工明确、权责分明可谓是其管理上十分出彩的一笔。熙凤对于守灵各项工作分组分时、各司其职的管理模式完美诠释了"井井有条"一词。我大胆地认为,这与几百年后福特流水线的发明有着异曲同工之妙。成功的管理者是将员工的职责尽量细化,而自己统筹全局,将各个要素转化为高效的有机整体。而探春则将分工艺术推向极致,其极富远略的花园包工决策,极大地提高了仆人的劳动积极性。花园整体环境改善,遏制偷懒行为,节约雇用劳工费用,如此一箭多雕的管理方式,至今仍是十分有用的战略抉择。几百年后的中国,改革开放的春风吹遍大江南北,"包产到户""包干到户"给了新时期农民强大的生产动力,探春的理家模式得以发扬光大。综观中国在农村体制改革中取得的成就,我足以想见它给宁国府带来的裨益。

那般惊艳那般才,真巾帼不让须眉,折服了书里书外人。你看,凤姐小月,一个月不能理事,接着执事有变,"众人先听见李纨独办,各各心中暗喜",真如此,恐怕府上必乱。"便添了一个探春",起初众人"都不在意",但"只三四日后,几件事过手,渐觉探春精细处不让凤姐",以至"里外下人都暗中抱怨:刚刚的倒了一个巡海夜叉,又添了个三镇山太岁,夜里偷吃酒玩的都没了"。这些埋怨不正从侧面表现了凤姐与探春杰出的管理才能吗?

《红楼梦》中这些先进的思想谋略值得我们细细品读,它们不仅给了我们管理学上的启迪,更启示我们中国式"铁娘子"的魅力是值得好好挖掘的。

点评

阅读《红楼梦》者无数，谈《红楼梦》者无穷。而本文作者抓住凤姐和探春二人，对比分析，各自的性格、才能跃然纸上，这得益于作者读得细，想得深。文中从多个方面——身份、性格、财政的理解、职责的分工——来比较分析，言之有物，令人信服。作者驾驭语言的功夫也极为出色，表达流畅、简洁。

悦读锦囊

我们读书之前应谨记"绝不滥读"的原则，不滥读有方法可循，就是不论何时凡为大多数读者所欢迎的书，切勿贸然拿来读……你要知道，凡为愚者所写作的人是常会受大众欢迎的。不如用宝贵的时间专读伟人的已有定评的名著，只有这些书才是开卷有益的。

——叔本华

任是无情也动人

——读《红楼梦》有感

◆ 学校:浙江省平湖中学　◆ 作者:马晨璐　◆ 指导老师:金　中

　　薛宝钗,一卷《红楼梦》中最端庄淑雅的冷美人,整个大观园里极德修才高的蘅芜君。(总摄全篇的文字,有概括力。)而这样一位女子,在后人的笔下被贴上一层又一层标签。有的人认为她长于世故,年纪轻轻便知笼络人心;也有人说她甘于束缚,没有宝黛二人身上可敬可叹的反抗精神。但这样片面的解读对于这位知书达理的大家闺秀未免有些不公。

　　整卷《红楼梦》,处处都脱不开一个"情"字,但宝钗偏偏得了一个"无情"的评语。这并非说她生性孤僻、待人冷漠,恰恰相反,她对宝玉怀有深切的爱,对周围的人时时关心爱护。与黛玉的"情情",以儿女之情为情,以世间之情为情相较,宝钗的情更像是付给未知的生命,付给无尽的时空。因为这样的情,无所求,也不会有所得。顾城在《谈薛宝钗》中说"她是天然生性空无的人",薛宝钗是《红楼梦》中"空"的一面的体现,她自小与一众姐妹不同,清净寡欲,只喜素淡。第四十回中,贾母设宴大观园,引刘姥姥参观,行至蘅芜苑,只见屋子"雪洞一般,一色的玩器全无",这样的景象引起了贾母的不满,却极好地印证了宝钗"空"的性情。大观园各处亭台楼阁精致可人,而宝钗却偏爱"蘅芷清芬",只一间清厦,院里奇草仙藤,无一处艳色,尽是冷而苍翠,在自己的天地里,宝钗遵从着内心的朴素自然。(言之成理,紧紧抓住"蘅芜苑"的环境特点来写宝钗。)

　　宝钗待人接物的稳妥向来被认为是一种处世的智慧,但这并不意味着她是用做作的行为传递虚假的情感,以此来换取他人的认可与喜爱。她对待身边的人,无论亲疏远近,总是抱有平和友善的态度,尽一己之力给予帮助。金钏之死来得突然,王夫人手上只有一套为黛玉生辰备下的新衣,因此焦虑万分,宝钗主动拿出自己的衣服给死者。替湘云做针线活,帮她摆螃蟹宴,对手下丫鬟亲如姐妹,点点滴滴的小事为她赢得了众人的交口称赞。也有评论者认为这些行为是宝钗对众人的讨好之举,恰恰表现了她的虚伪自私,更与黛玉的高傲出尘和不屑世俗形成鲜明对比。其实,钗黛二人待人处世的不同表现仅仅是她们不同的选择,宝钗的稳重宽厚固然是对封建传统道德的遵循,但也表现了她内心的善良大方。宝钗最终的被选择,不是因为工于心计,而是因为她的沉着稳重符合社会的价值取向。(*选取小说中的具体细节来分析宝钗,证据确凿;又与黛玉对照着分析,很有说服力。*)

后世对于宝钗的评价多半建立在和黛玉的对比之上,其实钗黛二人难言孰是孰非,《红楼梦》一书也多将二人相提并举,事实上,甚至可以说二人实为一人,或者说是一个理想形象的两个不同方面,单看二人同时出现于同一支判词便可略知一二。宝钗和黛玉,难说谁是真正的主角,她们同样有着倾国之貌、咏絮之才,但却代表了两个不同的境界。黛玉可以被看作代表了精神世界的追求,而宝钗则是入世的完美形象。(*对比分析,一精神,一入世,好!*)但宝钗的入世绝不是对功名利禄的追求,绝不是与世间浊象同流合污,相反,她拥有比黛玉更强烈的愤世之慨,对官场的污浊怀有更深的厌弃。一首《螃蟹咏》"眼前道路无经纬,皮里春秋空黑黄"就足以说明这些。黛玉的形象是出世的,她的对功名无所求只是一种自然的心态,而宝钗身处世间,却仍旧保持着心灵的纯净,那些时常被宝玉指为"混账话"的规劝是宝钗对宝玉不断前进的激励,是希望他能有所为,而不是陷于尘世的追名逐利。若说黛玉是封建社会中的叛逆者,宝钗则是一个牺牲者,但在她的端庄敦厚里依然有着孤高愤世的叛逆。所以,脂砚斋评宝钗为"身处世内而心向世外",此一句极切。

《红楼梦》毫无疑问是一部悲剧。对宝玉和黛玉,是叛逆者的悲剧;对宝钗,则是牺牲者的悲剧。宝钗是远早于宝玉而"悟"了的人,是宝玉历劫途中的引导者,她生性空无,对一切遭遇安之若命,因她知道不可为,所以顺其自然。宝钗的"无情"指引她走向命运安排的结局,同时也让她在悲剧面前从容自若。于宝钗,一场苦旅,原本是空;于读者,一卷《红楼》,"原应叹息"。(*结尾总结极为有力。*)

点评

对宝钗形象意义的分析,本文作者是建立在小说具体的材料之上的,因而言之有物,言之成理,令人信服。可见作者对于宝钗的认识是比较深刻的,不像普通的读者那样——只是对故事人物进行简单的评价。语言纯净,结构严谨,首尾相扣,简捷有力。

悦读锦囊

　　长久的读书可以使人养成恭敬的习惯,知道这个世界上可以为师的人太多了,在生活中也会沿袭洗耳倾听的姿态。而倾听,是让人神采倍添的绝好方式。所有的人都渴望被重视,而每一个生命也都不应被忽视。你重视了他人,魅力就降临在你双眸。

——毕淑敏

生命的彼岸花

——读《荒废集》之《人权与死权》有感

◆学校：浙江海盐元济高级中学　◆作者：陆可纯　◆指导老师：曹林祥

　　近日读完了陈丹青先生的作品《荒废集》，这位大艺术家的思想实在是令晚辈我敬佩。(以晚辈自许，自视不低。)先生的文字给了我一种可望而不可即之感，从中透露出来的是他完全自主的思想。我认为这不是一种"叛逆"，而是这位大艺术家骨子里的洒脱。面对镜头，他不会像大多数人一样顺着观众的心意说话，他只是把自己理解的，通过自己的心净化，通过自己的嘴说出来。晚辈我不敢对先生的这本集子做出所谓的"点评"，于是择了其中的一篇文章——《人权与死权》——来勉强发声，谈谈自己的生命观。

　　陈丹青先生在书中提到，"人权很具体，很细致，包括怎样死法，兼及生者的感受"，但凡是有志的人，又有谁愿意得一死呢？记得前不久有个北京大学女学生在演讲中说道："因为终有一死，所以生命也许根本就没有意义，但活着的人还是一厢情愿地想在有限的生命中多做点有意义的事，生命的过程也许就这样变成了有意义的。"人的生命只有一次，因为它的宝贵和唯一，"生命"这个词变得神圣而不可侵犯。

　　我们渺小的身躯被生命浓重的气息簇拥着，沉沉的身影在岁月的千山万水之间艰难跋涉。(这句话写得好，有画面感。)路上此起彼伏的悲与喜，模糊了我们的双眼。生命的容颜，也随流水辗转，飘然踏至远方，任我们怎样挽留，也不复再来。(最后这句看似华丽，其实写得不通，容颜如何会踏至远方？)

　　但你看见了吗？那生命的彼岸花，在河的对岸，熠熠生辉，让我们看尽生的繁盛与衰亡、美丽与哀愁。《诗经》，千年以前的古老歌谣，回荡在漆黑的苍穹之中，那些用爱谱成的天籁，夜夜引我们入梦，教我们动容。(有文采。)

"死生契阔，与子成说。执子之手，与子偕老。"用一生去相守，是生命中最美丽的承诺。但《诗经》里的那人，却无法去完成这个相约天荒地老的誓言，因为生死两茫茫，因为转眼白发苍苍。他拼命想要在千军万马之中突围，再奔回家去见妻子一面，但他抓不住脆弱的生命。转眼间，他已湮没在滚滚黄沙之中。那个站在家门口守望的她，又怎能明白，那阵掠过荒原的风，此刻是如此的悲凄！

而当年征夫无法企及的奢望，在无数个春秋之后，另一个人却做到了。那是一对住在偏远的小山村里的夫妇，两人都已经活到了一百多岁。垂暮的大爷仍然无微不至地关心着婆婆，他仍然记得九十年前许下的要带婆婆上成都的诺言，他要带她上西餐馆，他要给她买漂亮的小蝴蝶。两人手牵手漫步在成都街头，他扶着她，一步一步，连眉间的皱褶都要化开，连头上的银丝都要动容。

这幅图景一直存活在我的脑海里，一次又一次使我回味。生命中有太多我们不能把握的东西，但倘若拥有这最甜蜜的誓言，无论生死的距离有多远，我们都能找到属于自己的幸福。如此一来，一生又有何所憾呢？（*此句不成话，可以说"一生有何憾"，也可以说"一生所憾为何"。*）

"蜉蝣掘阅，麻衣如雪。心之忧矣，于我归说。"蜉蝣一生只有那么短短的几个小时，却要经历生命的全部，或许，在它们眼里，春夏秋冬凝结成初晨的一滴荷露，一转眼，便已汇入与天空交映的湖泽，不留痕迹。自以为是大地之灵的我们又何尝不是这样？我们曾经自信拥有了整个世界，但百年光阴也不过是浩瀚宇宙中的一个匆匆，弹指一挥间，红了樱桃，绿了芭蕉。难怪苏轼要感叹："寄蜉蝣于天地，渺沧海之一粟。哀吾生之须臾，羡长江之无穷。"正因为生命苦短，我们才如此丰盛地活着；正因为流光百转，我们才这样眷恋这个纷繁的尘世。（*形成整句的形式，上口！*）泰戈尔说："生如夏花之绚烂，死如秋叶之静美。"不错，我们终将陨落，成为尘世的一个过往，但那一趟耀眼的旅途，能焕发出夏花般的美丽，足矣。

点评

本文不像是读后感，更像是随想录。开头写陈丹青，后面写大学生的话、《诗经》中的诗、小山村的老夫妇，似乎忘记了写作的出发点。个别句子写得够精彩，也有些句子写得还不够顺畅。中学生写作，一定不要忘记这一点：务必先求通，最后方求美！

与吴语的一次邂逅
——读《趣吴语:江南人文手记》有感

◆学校:浙江省嘉兴市第一中学　◆作者:徐洛衡　◆指导老师:吴炳华

　　偶然的一次机会,我翻到了这本《趣吴语:江南人文手记》,最初我只是把它作为一种消遣读物,没想到看完第一篇竟爱不释手,一口气把这本有趣的书读完了。这本书带领我轻轻叩开了吴语的大门,让我进入了一个奇妙的天地,与吴语发生了一场美丽的邂逅。(以切身体会入手,亲切自然。)

　　这是一本兼具知识性与趣味性的书。在本书中,作者于能带我们认识了吴方言中的一些有意思的词汇,并着重探讨了吴语中与数字、食物有关的词语。在考证的过程中,作者旁征博引,引用了不少史料以及前人学者的研究。从字里行间都可以看出,作者的态度是十分认真严谨的。在现在浮躁的社会环境下,我觉得作者仍怀有这种严谨的治学态度是非常了不起的。(有感受,表达过于口语化。)

　　在这本书之前,我对吴语的认识仅限于长辈们讲的土话,读过这本书后我才认识到,平时不起眼的"土话"中也有不少文化知识。原先我以为,吴语的书面写法就是把吴语口语音译成普通话,没想到里面竟还有不少学问。比如吴方言里喜欢把"躲起来"叫作"pan起来",(举例富有趣味性。)可这个"pan"到底是哪个字呢? 作者经过考证认为应写作"畔"。为了证明这个观点,他从《汉书》和张岱的《夜航船》中找依据,证明了"畔"有回避、躲避的意思。真没想到,我们平时在用的方言竟与古汉语有着联系,看来方言也能为我们的古汉语学习提供帮助呢。此外,书中还探讨了吴语中常见的"来三""撒烂污"等词语背后的文化内涵,作者的考证严谨而又有说服力,让人不得不敬佩作者的博学多识。(通过前后认识的对比突出本书的特点。)

　　这本书的另一个特色(那前面所述的特色是什么? 宜加强概括性。)是趣味性。为大众做知识普及，当然不能太说教、太死板。今年暑假我在岱山岛旅游时，在一个古镇里看到了一个有趣的"方言馆"，几十根细线悬挂在这间"方言馆"房顶的梁上，细线下面都悬挂着木板，木板正面是岱山方言，翻到反面就能看到对应的普通话，我认为这个"方言馆"就是一种很好的有趣的方言普及方式。和这个"方言馆"一样，这本书中的文字也是趣味盎然的。（此处宜另起一段。）读完本书，我觉得作者的文字确实配得上书名"趣吴语"中的"趣"字。作者把方言知识与各种小故事、笑话以及作者自己的回忆等糅合在一起，书中在文字间又附有精美的插画，大大增强了可读性，让我们在趣味中收获吴语知识。

让我以书中的一篇文章来举例子吧。（语言不够简洁。）在《哇塞≠哇噻》一文中，作者先讲了一个北方人小王把吴语里的"哇塞"等同于潮流语言"哇噻"，从而错误理解别人意思的故事，读者看了这个故事，自然引起了阅读兴趣。在接下来的篇幅里，作者再把"哇塞"与"哇噻"之间的区别娓娓道来。原来，"哇塞"在吴语里的读音与普通话还是有区别的，它的意思是心里不痛快却难以言说，而现在常用的表达惊叹的"哇噻"，原先竟然是闽南语里的脏话，真是令人大跌眼镜。整篇文章笔调轻松，字里行间抖出的小包袱令人会心一笑，在身心愉悦中收获新知识，这样的文章读者怎会不爱读？

方言是我们老祖宗留下来的财富，体现了我们中国悠久的传统文化，它对我们今人研究古汉语有重要的意义。这样的宝贵财富，我们当然要把它继承下去。这本《趣吴语：江南人文手记》，为我们了解吴语文化提供了一个很好的窗口。读这本书，也是在为传承方言文化贡献自己的一份力量！

点 评

本文在语言表达上还不够老练，口语化，不简洁。但小作者的阅读书目已让我们眼前一亮。在现代社会，主动去关注方言，关注地方文化，这是难能可贵的一种情怀。再加上小作者用心细细品读，以举例的方式给我们打开了吴方言的趣味之窗，令人耳目一新。

容忍与自由的抉择

——读《容忍与自由》有感

◆学校:浙江省嘉善高级中学 ◆作者:杨晓君 ◆指导老师:潘春霞

在此文中,胡适先生提到了"容忍是一切自由的根本,没有容忍,就没有自由"。布尔先生说:"我年纪越大,越感觉到容忍比自由更重要。"于是,这(交代不清。)胡适先生心中不可磨灭的人生格言,让他忆起年少时与容忍背道而驰的"卫道态度",并深刻反思。已过中年的胡适先生做出了容忍与自由的抉择,这本身便是时代的意义所在。(开篇更宜字字斟酌,一字有一字的功效。此文开篇字句之间有割裂感。)

"容忍的态度是最难得、最稀有的态度。人类的习惯是喜同而恶异的,总不喜欢和自己不同的信仰、思想、行为。这就是不容忍的根源。"所以抉择便是自由实现与否的一种标准,它本身是没有错的,但"喜同恶异"正好扼杀了自我的自由。(此句表义不明。)这深信自己不会错的对异己的摧残是单方面的丑陋而卑鄙的选择,这在许多情况下也扼杀了思想的百花齐放。因为我们害怕说出,怕招致强横的正统文化的"诛杀",怕招致社会主流的谩骂,胡适先生回想起自己十七岁那年发表的痛骂小说《西游记》和《封神榜》的文章。他用了很多"五十年前我没有想到……""五十年前我完全没有懂得……"尽管五十年后,胡适先生还是原本的自己,依然是个无神论者,依然不相信存在一个有意志的神,依然不相信灵魂不朽的说法,但他明白是自己对异端的不容忍导致了各文化启蒙时的隔阂与极端。(此处可分段。)没有容忍的社会环境便无法催生大胆怀疑的求真态度,便没有自然科学的起步与发展。他五十年后回想起来,是社会用它的容忍谅解着自己的极端阐述,让他在四十年间宣传无神论,颠覆当时社会的对鬼神的虔诚,以至于他的言论自由导致了部分传统优秀文化被迫害,于是破除迷信的热心便变成了诛杀思想、言论、出版自由的独裁。(长句的使用需要注意表达上的逻辑性,"以至于""于是"等需要斟酌。)当他成名后因"行伪而坚,言伪而辩,学非而博,顺非而泽以疑众"遭到了"卫道君子"的"诛杀",他明白容忍与自由的抉择并不是必须舍弃一方,而应该是互相成全。于是他养成了容忍的雅量、容忍的气度,他反对"必以吾辈所主张者为绝对之是的偏执态度",主张用容忍来报答社会的容忍。

而面对容忍与自由,我们或许无法做到像胡适先生那样,仍能追忆起当时不容忍的过错,然后用理性的态度去加以修正。但正如韩寒所言:"自由就是自己还有一张嘴,能在理智的情况下说出心声;自由就是自己还有一双脚,在即使不能动的情况下,也能随心所欲;自由就是你还相信我,我还相信你。"每一个人,每一个观点,我们用容忍的态度去看待,那便是在做出抉择,也就是所谓的成长。不是好人必定要去惩治恶人,不是科学必定要去左右宗教自由。但所谓容忍,并不是一味的无原则的原谅,自由是有限度的,超过了一定的界线,良心的自由便是魔鬼的教条。(总结形象深刻。)容忍是态度,不是无底线的接受;容忍是一种气度,原谅别人的错误;容忍是一种冷静,压制自己冲动的正义之火。我们用容忍的度量去看待一种"异己",而别人眼里我们便是"异己",所以倘若我们想得到别人的容忍,那便要用自己的容忍去回报这个社会。自由便在容忍中稳固、积淀而后释放。

容忍是自由的根源,这个世界并没有"绝对之是",也没有"绝对之不是"。选择容忍不是放弃主见,而是为了主见的自由。(结尾有力,思辨性强!)

点评

小作者虽然在长句的表达上还需要锤炼,但全文已显现出思辨的力量、理性的火花。辩证认识,富有逻辑的表达,也是语文之美。胡适先生的许多话,放在现代社会,也很有启示性。胡适作为二十世纪中国突出的自由主义思想者之一,他的思想和为人,青年学子不妨去了解。"真实的为我,便是最有益的为人",他的著作值得反复读。

迎接希望的曙光

——读《阿甘正传》有感

◆学校:浙江海盐元济高级中学　◆作者:沈依幸　◆指导老师:曹林祥

　　"当我的紫葡萄化为深秋的露水/当我的鲜花依偎在别人的情怀/我依然固执地用凝霜的枯藤/在凄凉的大地上写下:相信未来……"读着这首诗,我看到了在那个昏暗而荒芜、穷困且艰难的年代里,诗人食指以无所畏惧的精神,向苦难的现实宣战,矢志不渝地恪守自己对明天的承诺,在绝望中寻找新的希望,迎接希望的曙光。

　　《阿甘正传》里有句经典台词:"Life was like a box of chocolate, you never know what you are gonna get..."大意是:生活就像一盒巧克力,结果往往出人意料。(开头这句与首段衔接不紧。)阅读的时候大概都会这样,一个冷不防就遇上了非凡的章句,叫人一直记挂在心上。《阿甘正传》使我看到了一个先天智障却又自强不息、脚踏实地的男孩。虽然他是个智商只有七十五的低能儿,在童年时经常被别的孩子欺侮,但他也很幸运地结识了朋友珍妮,听从她的意见去跑着躲避别人的捉弄,无意中跑进橄榄球场,就这样进了大学。他被破格录取,成为橄榄球巨星。后来,又应征入伍去了越南,结识了热衷捕虾的布巴和长官泰勒。为了纪念在战争中死去的布巴,完成他的心愿,阿甘成立了一家捕虾公司,并把一半股份给了布巴的母亲。阿甘经历了世界风云变幻的各个历史时期,但无论何时,无论何处,无论和谁在一起,他都依然如故,纯朴而善良,凭借着他自制的力量,对未来充满希望和信心,最终"傻人有傻福"地得到上天的眷顾,在多个领域创造了奇迹。(复述故事情节,具有很强的概括力。)

　　掩卷深思,霎时间,我思绪万千。闭上眼,又仔细地回想了一遍阿甘的经历。(此句与首句内容重复,可以删掉。)他生来智商只有七十五,但他却能常常"傻人有傻福",并在许多方面创造奇迹,令我感到匪夷所思。他一生都在执着地奔跑,从为躲避别人的捉弄开始,跑进中学,跑进大学,跑进橄榄球队,跑进海军陆战队,跑进越南的战场,跑进美国的乒乓球队,跑到海上捕虾……（七个"跑"句,生动而形象。）他能够取得这样的成就并不仅仅依靠上天的眷顾,还有他始终对生活充满着乐观向上的态度,就算面对绝望,他也能够找到希望,也正是因为这样,他才能够常常迎接希望的曙光,创造许多的奇迹。他的希望和信心,源泉般给予了他力量、勇气和智慧。

在日常生活中,也有许多类似阿甘这样的人,他们不曾放弃自己的希望和信心。尼克·胡哲,一个没有四肢的生命斗士。他打出生时就没有四肢,只有躯干和头,就像一尊残破的雕像。尼克秉持着一个基督徒的信仰,告诫自己永远不要放弃希望。尽管他生来就没有健全的四肢,但他具有一副好口才和一个聪明的大脑。他总是会用无比轻松的语调来向外人调侃自己的经历,他永远不在意外人的眼光,并且努力地对自己充满信心,不放弃希望。事实上,他凭借着自己不放弃希望的信念成为了一名励志演说家。"人生最可悲的并非失去四肢,而是没有生存希望及目标！真正改变命运的,并不是我们的机遇,而是我们的态度。"他开拓了自己人生的另一格局,找到了人生的价值。（由阿甘联想到尼克,内容更丰富了。）

"希望本无所谓有,也无所谓无的。这正如地上的路。其实地上本没有路,走的人多了,也便成了路。"天无绝人之路,世上没有绝望的处境,只有对处境绝望的人。生活中,我们总会遭遇烦恼,把过去的烦恼抛在脑后,才能看见希望的曙光。在每个艰难的日子里,去迎接希望的曙光,让希望给你力量,激励你勇敢地前行。

"朋友,坚定地相信未来吧/相信不屈不挠的努力/相信战胜死亡的年轻/相信未来,热爱生命！"（以诗句结尾,回扣首段。）

点 评

作者复述阿甘和尼克的故事,显示了出色的概括能力。从某种程度上说,概括力就是一个人的思维力,而思维力又直接体现在语言的表述上,可以说作者的语言能力过硬。文章引用诗人食指的诗句,首尾相扣,但是和正文的联系有些脱节,好像是为了照应而照应,仔细构思一下首尾,一定会更好。

雨打浮萍

——读《红楼梦》有感

◆学校:浙江省平湖中学　◆作者:俞咏薇　◆指导老师:金　中

贾宝玉梦游太虚幻境,有幸得观薄命司金陵女子之册。正册十二钗固然身世坎坷,副册及又副册中仅出现的三个姑娘一如无根之萍,可怜可叹。(总摄全文。)

彩云霁月·晴雯

"霁月难逢,彩云易散。心比天高,身为下贱。风流灵巧招人怨。寿夭多因诽谤生,多情公子空牵念。"

晴雯原本举目无亲,被卖给赖大家为奴,后来因缘际会被贾母看中,才拨到了宝玉身边伺候。从身世上说,晴雯实在是薄命的代表了。(两句话,写出晴雯的身世,凝练。)但是这样的出身反而使她养成了一种极其骄傲自尊的性格。在"病补雀金裘"一回中,作者以"勇"字称之,很是贴切。她的勇敢,在于为所爱之人付出一切,即使病重也咬牙补完雀裘;亦在于纯洁无邪,敢于撕扇子千金一笑。晴雯很坦率,行事光明磊落,叫人不能不爱。大观园中,晴雯的人缘并不好,也与她这样的个性有关,晴雯平日里锋芒毕露,遇到自己不认同的事情会直接大胆地说出,为此有些尖酸刻薄的嫌疑。她心中所追求的实际是当时的社会背景无法容纳的,故而她的结局早有预兆且难以改变。风流灵巧招人怨,晴雯美却不媚,王夫人给她套上的罪名无疑莫须有,诽谤起,人命逝,独留宝玉空挂念了。

莲枯藕败·香菱

"根并荷花一茎香，平生遭际实堪伤。自从两地生孤木，致使香魂返故乡。"

香菱本名甄英莲，取真应怜之意。年幼被拐走，香菱不记得家乡父母，又被薛蟠看中，白白经历了人命官司。后来跟着宝钗，才过了段平静日子，而大观园学诗则证明了她的积极进取。香菱和晴雯一样，内心都洁净纯真。不同的是，香菱更为憨厚平和，容易亲近。（香菱、晴雯比较着写，鲜明。）香菱的人生悲剧，在于她的善良懦弱。她不招摇，但自有人视之为眼中钉。悍妇夏金桂绝对容不下香菱的存在，将她呼来喝去，百般虐待。香菱无助彷徨，可是在那样的世道，又有谁会在意小小女子的生死？香菱纵有上进之心，也只能默默逝去。即使高鹗先生的续作将她扶正，香菱也难逃莲枯藕败的命运，徒添伤悲。

枉自温柔·袭人

"枉自温柔和顺，空云似桂如兰。堪羡优伶有福，谁知公子无缘。"

实话说，我不是很喜欢袭人。袭人虽良善，却心思细腻得可怕。她算得太多，一步步让自己在等级森严的贾府地位不断提高。贾母，王夫人，谁不赞她是好孩子？这样的袭人，本来能够安乐一世，却最终迎来了贾府的败落。袭人终究不过是个弱女子，依附的贾府一旦失势，她也不得不飘零，最后"堪羡优伶有福"。

晴雯之死，宝黛之别，是那个时代封建制度下的产物，但不能说没有袭人的原因。有人说她是可耻的告密者不无道理。但是，如果将之看作一介女子的自保手段，袭人的所作所为也就不难谅解了。（结尾有些单薄，如果能将所述三者概括一下，会更完整。）

点 评

《红楼梦》人物众多，一般所述大都为黛玉、宝钗、王熙凤等主要人物，本文作者拎出晴雯、香菱、袭人三个副册又副册中的人物来谈，可谓只眼独具。文章结构清晰，首先概括三人为"无根之萍"，再加以分述，语言简明、有力，富有概括力。只是结尾显得有些单薄。

生命是一场孤独的旅行

——读《百年孤独》有感

◆学校:浙江省嘉兴市第一中学　◆作者:赵　原　◆指导老师:孙　凯

　　我随着羊皮卷的指引,走过结着黑黝黝的硬壳的水泥浴池,走过杂乱无章的金银器作坊,走进又走出这个被蚂蚁和蠹虫占领的破败之地,听亡灵鬼魂讲述那些如同虚构的遥远故事,然而梦一旦醒来,只剩下孤独的回味。(一个充满神秘色彩的开篇,一个恍处梦中的场景,一个骤然醒后的现实,引人入胜。)

　　费力地读完这本书,却没有了当时搞不清谁是谁的痛苦,只剩下了在恢宏而又魔幻的气势中不能自拔。那种感觉如同站立于悬崖之沿,前面便有寂静之谷,风从下往上呼啸而过,抓着你的头发;薄雾若隐若现,只露出事物应有的轮廓;而你,是这片土地上唯一的人,能感受到大地的脉搏和气息的唯一的人。作者就曾站在这悬崖之上,将这曾经发生过,现在却被人们遗忘的梦,用锐利的笔锋诠释,诠释这饱受冷风血雨的苦难的大地——拉丁美洲。我看到男人们浪费着荒唐的盛年,最后在枪口、在寻求奥义中孤独地死去;我看到女人们在盛时主持家务,在衰时挺身而出,在承受孤独中展现着一切美好的品质;我看到马孔多一遍又一遍重复着同样的事件,不知疲倦……百年的孤独,承载着拉丁美洲的历史,展现了我不曾知晓的、缘于侵略与野蛮的伤口。正如作者马尔克斯所说:"拉丁美洲的历史也是一切巨大然而徒劳的奋斗的总结,是一幕幕事先注定要被人遗忘的戏剧的总和,汇聚了不可思议的奇迹和最纯粹的现实生活。"然而作者记录下了这易忘的故事,这个将醒的梦,淋漓尽致地展现着"孤独"二字。(同样的气势恢宏又带着迷离绚烂之美的描写,与作品内容契合。)

　　男人们是孤独的。奥雷里亚诺·布恩迪亚上校给我的印象极深。这位上校可谓久经沙场,百折不挠。然而,可笑而又可悲的是,上校打的只是一场场毫无公平性可言的自由派、保守派战争；他被权力吞噬，险些变成一个独裁者。当他看清这现实时，他又坚定地放弃了权力和荣耀，待在父亲留下的炼金实验室中，周而复始地铸造小金鱼。他有着受人尊敬的头衔，甚至有一条以他命名的街道，然而在触摸了危险的欲望之后，他却在制作、重熔小金鱼中度过孤独的余生。可以见出，这可悲的、如同闹剧的战争牺牲了多少人的青春活力！这样惨痛的经历，是拉丁美洲斗志昂扬的革命者的墓碑。这孤独的梦背后，掩藏着无法言喻的、人类无法逃避的血泪史。作者用笔挑开了这历史的薄幕，让人们真真切切地记住了教训，并代代相传。（选择一个群体，却仅以一人为例来写"孤独"，局部地放大展现的是更深刻的社会意义。）

女人们是孤独的。使我印象最深刻的人，是乌尔苏拉。她是家族的第一代，是所有人生命的根源。她身材娇小，活力充沛，意志坚定，严肃不苟，从书的开始出现，在书快要结尾时的那个雨季后才去世。她既能使家里一尘不染，也能在男人们退缩时给予支持。我想，大概乌尔苏拉就是这个家能够存在一个多世纪的原因吧！没有她一次次充满活力地重整家园，这个家早就垮了。她拯救着自己的子孙，给予物质和精神上的帮助；她看着孩子们先自己一步而去，承受着白发人送黑发人的痛苦；甚至在她失明后，家中都无人发现这位老人眼前的黑暗。这是坚强，这是美好的品质，然而她何尝不在承受着无尽的孤独！她默默地承受着这一切。她告诉我，在命运的灾难中，孤独也可以是创造的源泉。她在男人们颓废的一面背后，又展现着孤独不熄的光芒！这使百年的孤独又饱满了几分，呈现出异样的光彩。

人终究是孤独的。也许拉丁美洲那个沉重的年代对于我们来说遥不可及，但是在我们触手可及的现实生活中，也蕴藏着一样的、人类身上不曾改变的东西。就像乌尔苏拉一样，我们也要承受生活中有时不知不觉生出的皱纹，有时突如其来的一场变故。我们出生，成为孤独的个体；我们成长，接受人世的考验；我们离去，走向未知的幽冥。瞧啊，孤独伴随着我们的一生，它从彼岸的萌芽长成我们可以依靠的大树。所以我觉得，孤独也是一种沉默的磨炼，一场生命的旅行。初入社会，你将会慢慢发现，没有人可以轻易依靠，你只能相信自己，你必须依靠自己的力量努力存活。也许到那时，孤独将成为成熟的标志。这使孤独又多了几分坚毅的色彩。（观照自身，排比造气势，感悟显深度。）

这是个灵魂的文学归宿，这里容纳着百年的孤独，深沉而有着让人着魔的魅力。作者以其如高山般沉稳沧桑的笔势，带来一个关于孤独的故事，又启发我们去思考人生的奥义。生命是一场孤独的旅行。人类将在这场旅行中,永不停歇地走下去。(眼光从一本书最终转向了全人类,一个意味深长的结尾。)

点 评

情思细腻,得力于对经典的静心思考;笔墨集中,得力于对素材的精心构思。阅读,思考,呈现,三者融合不易,需入得其中,出得其外,本文作者这方面尤其值得称道!

纸上浮光掠影，花开见一世界
——读夏达的《子不语》有感

◆学校:浙江省平湖市乍浦高级中学　◆作者:王诗雯　◆指导老师:胡素莉

　　读完夏达的《子不语》，是在阳光柔软的午后，我的手还搭在浅黄色的书页上，不愿从那个时间抽身。（交代所读，语言诗意柔美，奠定文章感情基调。）

　　夏达的笔触总是细腻而精致，每根线条都是那么纤细却坚韧，仿佛可以触碰到书中人温热的皮肤。木芙蓉层层细碎的花瓣，妖狐少年纤长上挑的眼角，望穿翻滚澄澈的水，麒趾镇上那一个个奇异妖艳的故事，夏达用她的画笔娓娓道来。（虽是对作品浅浅地介绍，却尽显文字之美。）

　　犹记得和夏达的初遇是在那个《游园惊梦》的故事中。芳草萋萋，少年随意枕着自己的臂膀躺下，宽袖长袍，曲起腿露出游纹短靴。醉人的春风撩人睡意，少年手中的书卷微斜，轻阖眼。平静的湖面漾起碎波，细足轻点，裙带飞扬，翠山粉裙的少女悄无声息地踏入园来。纤指挽花，美目顾盼，浅眠的少年映入眼帘。空气仿佛更静了，少女掠去颊边的碎发，踌躇靠近。默默俯身，伸出细白如玉的手臂，指尖即将触碰的刹那——少年蓦地睁开眼睛，瞳仁黑亮如墨，有些讶异，又有些茫然。眼前什么也没有，春风拂过，卷来几片薄叶。阳光下，一只墨绿色的蝴蝶一闪而过，快得仿佛一个幻觉。（交代内容，笔触一如前文之细腻温柔，画面感强。）

　　从头到尾没有一句对话，抑或是一个文字。夏达静静地收笔，只留给我一片春草的芬芳，混着一丝淡淡的爱恋和惆怅。

　　夏达的画就是这样，更像是一首诗，或是一篇散文，清淡、柔韧。记得有一次看到她的采访，当被问及为什么选择画漫画时，她静静地笑，然后用她一贯不紧不慢的语调说道:"因为漫画里有一个世界。"是的，她的画里有一个世界，一个宁静到醉人的世界。（从画到人，画如其人。）

于是会想，我们是否已经丢失了这份宁静。"我们活在无趣的当下。"每日快节奏的生活让我们渐渐习惯相互追逐，眼中望的只有更远的前方，耳中只剩下类似机械高速运转的轰鸣。

我是否已经把那颗宁静的心灵，连带好奇与幻想，丢弃在童年那个锈迹斑斑的巧克力盒子里？已经忘记了上一次是什么时候，赤着脚在田埂上走，在回家时蹲在路边看一朵新绽的淡紫色的花，坐在老屋房顶上眯着眼望头顶近在咫尺悄然飘过的云。（观照自身，意象选择精当。）

麒趾镇的那个世界中，跟着小语的脚步，踏过青石板的小路，躲在树丛中看芙蓉花精跳舞，和妖狐捧一杯酒蘸着清冽的月光仰头饮下，仰望天际有山神似鸟一般急急掠过。日益现实的心灵让这些神明与奇隐离我们远去，只有在这里，我终于找回一些潮湿而温暖的美好。

"子不语怪、力、乱、神。"人类闭上眼睛，切断了与它们的联系，投身于更快捷的生活，更拥挤的环境，堆积的品牌，像冥冥中一边嗤笑着一边搭起积木，在无数"更加"的叠积里，山鬼精魅们渐渐遁入了远山之中。那些古老的传说被封印在散发着霉味的纸张之中，在昏黄的灯光下依稀闪过层碎的裙摆，或是一双半敛的黑润的眸。人类失去的，不仅仅是神话和传说。（形象化的语言。）

借着小语的眼睛，我终于又一次看清了那些魑魅魍魉，它们或美艳或倨傲，却能轻易挑起你心底那份埋藏已久的悸动。

忘川之上，桑梓之下，一半是光，一半是影。我或许已经逐渐学会让自己的心沉在一片碧水之中，在转角处给自己几秒钟的时间停下脚步，细看一枚刚刚萌发的嫩芽。（结尾部分不妨在感性的基础上，进行理性的提升。）

点评

文字美如斯，作者将书中的意境描写得轻灵出尘、宁静辽远。再现在读者面前的是一幅幅精致纤美的画面，激发了好奇心。但文章仅有语言上的华丽还不够，如何做到"文质兼美"，值得深思。

拭去心灵上的尘埃
——读《苏东坡传》有感

◆学校:浙江省嘉兴市第一中学　◆作者:周珂妤　◆指导老师:朱瑜冬

"他用一腔热血换得一瞬韶光,但那一瞬韶光足以让他名垂青史。"

苏东坡这个名字其实对我们每个人来说都并不陌生,但我对于他的生平事迹和性格也只是略知一二。读了这本《苏东坡传》,我才体会到他真正的魅力所在。林语堂先生的《苏东坡传》是这样作结的:"在读《苏东坡传》时,我们一直在追随观察一个具有伟大思想、伟大心灵的伟人生活,这种思想与心灵,不过在这个人间世上偶然成形,昙花一现而已。苏东坡已死,他的名字只是一个记忆。但是他留给我们的,是他那心灵的喜悦,是他那思想的快乐,这才是万古不朽的。"

再多赞美的话语终究化成一句:"苏东坡用他人的苟且活成了诗和远方。"(开篇即大量引用,但不觉累赘。)

"前不见古人,后不见来者。"苏东坡文学上的造诣用这句诗来形容是最恰当不过了。他的诗、文、词都达到了登峰造极的地步,堪称宋代文学的最高代表。犹记得第一次读到《记承天寺夜游》,我第一次深深地感受到了他深厚的文学功底,寥寥几字但却引人入胜。一句"庭下如积水空明,水中藻荇交横,盖竹柏影也",如一股清流,流入我的心坎。一泓积水中倒映出竹柏的影子,可见月色清朗空明,仿佛抬头就能看见那一轮皎洁的明月,和它洒下的清幽的光。他写的月不像张若虚的《春江花月夜》中"江流宛转绕芳甸,月照花林皆似霰"那样辞藻华丽。同是写月下之景,苏东坡朴素的语言倒是更透出了月色的清丽。只有亲身感受才知道,他达到的那是前无古人后无来者的巅峰。苏东坡将至情融于笔端,终成华章。

"回首向来萧瑟处,归去,也无风雨也无晴。"这句词出自东坡先生笔下的《定风波》。被贬黄州的第三个春天,先生在野外偶遇一场风雨,又想到自己官场的失意,便作下这首词。自然中的雨晴也是不定之事,更何况官场中的呢?如此一想,人生的荣辱沉浮便也都随风而去了。无喜无悲便是他面对一切的态度。

被贬黄州之后,有才之人必能被重新赏识,他又东山再起。但他每每被召回朝廷,只因与新党政见不合而屡屡遭遇贬谪。当时已六十二岁高龄的他流落到徽边荒凉之地海南儋州。但他却从未放弃自己的信念,不与小人同流合污,就算在荆棘上滴血,也不愿在被玷污过的树枝上栖息。(自然化用诗词。)他随遇而安,将儋州作为自己的第二个故乡,在那里办学。并写下"沧海何曾断地脉,珠崖从此破天荒",以纪念海南的姜唐佐举乡贡。他不被官场上的污秽所浸染,凭着一颗赤子之心,执着追求心中的生活,被贬至荒凉之地,开一块土地,垦出一片心之净土,道出心中不灭的志趣。从中流露出的,是"一点浩然气,千里快哉风"的旷达豪情,是"人间如梦,一樽还酹江月"的沉郁不甘,也是"江南好,千钟美酒,一曲《满庭芳》"的超凡脱俗。

他用豁达凝练成笔下飘洒的旋律,他用痛楚压抑成意识奔涌的篇章,他拂去眼前的阴霾,活出了自己的精彩。林语堂先生在书中这样评价这位文坛巨匠:"苏东坡始终富有青春活力。他虽然饱经忧患拂逆,他的人性更趋温厚和厚道,并没变成尖酸刻薄。"(此处总结精彩有气势。)

东坡先生拭去了心灵上的尘埃,让心变得更加柔软,而不是落满尘埃之后的黯然抑或爆发。(点题之笔。)

"拣尽寒枝不肯栖,寂寞沙洲冷。"这句诗出自先生笔下的《卜算子》。孤鸿遭遇不幸,在寒枝间迂回徘徊,拣尽寒枝不肯栖息,只好落宿于寂寞荒冷的沙洲。孤鸿是那只大漠中的孤雁,亦是先生自己。当时东坡先生被贬黄州,内心孤寂,但又不愿随波逐流。最终只能在这失落的沙洲上踽踽独行。"似非吃烟火食人语",说的便是苏东坡先生吧。这种高旷洒脱、绝尘去俗的境界,也只有先生能够体会和表达吧。他虽孤寂,但却不是在孤寂中堕落,不是在幽恨中埋葬自己。他是独自清欢,一人在苦中作乐,那是旷达,而不是傻乐。就像林语堂先生说的:"苏东坡像一阵清风过了一生。"我想不只是指他生活清贫,还指他心境如清风,他不喜不悲,不骄不躁,如清风,只是温婉地拂过这人间。就算不被这个世界温柔以待,他也依然笑对世间万物。

就算被世间一切不堪入目的东西摧残,我们也应保持自己心灵的纯净,拂去心灵上的尘埃。我们的那颗赤子之心不能因在世俗之间的纷争而落满尘埃。我们也许没能拥有古人之高尚与圣人之心境,但却能时刻以赤子之心处人生之道。

苏东坡拭去了心灵上的尘埃,终成一代代人所敬仰的对象;我们拭去心灵上的尘埃,才能铸就最好的自己。

就算有千千万万的挫折牵绊我们,就算有千千万万的困难磕绊我们,就算有千千万万的羁绊束缚我们,我们也绝不能任心灵被捆在枷锁之下不能动弹。我们不求有苏东坡先生那么高的境界,我们只求能够在尘世间有自己开垦的净土——一片心灵的净土。

苏东坡先生把别人的苟且活成了诗和远方,我们又该活出什么样的色彩?

此时此刻,唯有这句诗还萦绕在我的心头:"烟霞清净尘无迹,水月空灵性自明。"(由诗生疑,又以诗答疑,妙!)

愿我们都如东坡先生一般拂去心中尘埃,拨开一切阴霾,活出自己的精彩!

点评

本文以苏东坡诗句为线索,从不同角度进行解读,构成文章主体部分。整体采用"总分总"形式,语言优美,引用恰当。在感悟部分能结合自身实际深入阐述,值得学习。但诗句的引用也是把双刃剑,如能在内在逻辑上有意识地加强,文章会更上一层楼。

向死而生

——读《大秦帝国》有感

◆学校：嘉善县中等专业学校　　◆作者：朱称鑫　　◆指导老师：赵春季

天之将明，其黑尤烈。先君的逝世使秦国再次成为众矢之的，群狼环伺下，我戴上了君王的冠，去完成先君未竟之业。我是秦孝公之子——嬴驷。立于城墙之上，望见黑云压城，其势汹涌，层层叠叠，几欲坠下，变天了。（背景的交代与环境描写相结合，质感厚重，笔调略显老成。）

苟利国家，生死以之。

"卫鞅谋逆作乱于商於，滥杀世族于变法，不杀此贼，天理何在？"大殿上顿时哗然，往日的社稷之臣此刻却如斗鸡般针锋相对。"使者觐见！"伴随着通报声，六国使臣向我行礼，递交国书。他们揖手说道："我王欲与秦王结盟交好，但请秦王诛杀卫鞅。此贼不除不足以平民愤……"我拂袖而去，大殿内仍回荡着群臣的争执与辱骂声。哎！该去看看他了。

走过长长的幽暗甬道，一股霉臭味扑面而来，依稀可以看见粗大的栅栏。我该如何称呼他？左庶长、大良造、商君？这尊贵的人，奇怪的人。他仍是白衣高冠，身形瘦削到我不敢相认，不变的是那双锐利的眼。恍惚间，我看见商君指着列国地图，勾勒出一个栩栩如生的未来，先君顺着他指点的方向望去，眼中泛着光，仿佛看到了一个横扫六合的秦。于是拜他为相，变法自此拉开帷幕。

废井田，开阡陌，重农桑，奖军功。一切来得如此突然，亦如此顺利。如一阵风，在世族蓄意阻拦时，席卷全国。即使身为奴隶，凭借军功也可晋爵。百姓无不叫好，但被分权的世族怎会愿意！他们叫嚣着诛杀此人，恢复旧制，可在先君的庇护下无人敢出手。他们便浮动（"浮动"一词甚妙，显蠢蠢欲动意，被按下的是酝酿中的恶意。）在暗处伺机生事，冷眼盯着、熬着，因为坚信属于他们的黑暗即将来临。

夜深了，冬虫不安分地叫嚣着，夜色似墨。甬道中仍是一股霉臭味，那粗大的栅栏却将生死隔开。六国势力早已渗透入秦，企图在国丧期一举乱秦。若旧贵族以"清君侧"之名振臂一呼，秦将再次陷入内乱。国不可失去新法，但可以失去完成变法使命的大臣，我又该如何开口？老师，你还愿教我吗？他跪在地上完完整整地行了套大礼，说道："国之所以治者三，一曰法，二曰信，三曰权。法者，君臣之所共操也。"可是老师，你不怨吗？你本可以逃脱，又为何回来？我盯着他的眼，想找到一丝答案，可他只是笑着，望向窗外点点繁星，夜色融于眼中，无法看透。我逃着离开国狱，飓风像浪潮般将我掀翻，这宫墙内的风从未停止，变天了！（照应开头，局势愈危，澜势再增。）

岂因祸福，避之趋之。

青铜辒车驶入刑场，百姓突然欢腾起来："秦法万岁""商君无罪"……他依旧白衣高冠，依旧自信威严，款款走向刑台，衣裳被草木钩住，便稍整衣冠，从容离去……那时，雪花漫天，掩住了商君的身体，掩住了众人的恶念，却掩不住秦法昭昭。风起柳絮，寒梅傲岸。莫道西风凛冽，莫道落红无情。颗颗饱含血泪的种子（"饱含血泪的种子"这一比喻，充满悲壮、蓬勃的气息，古今殒身尽志者，何人不留血种？）散于土中，静等绽放……

多年后，尘归尘，土归土，又是谁在诉说？"有功于前，不为损刑；有善于前，不为亏法。"那个人说，行法公平才是真正的爱民；那个人还说，国家要强大就是要付出血的代价，自然也包括我卫鞅的血，鞅之生命、鞅之归宿，永远与秦国新法同在！

如今我方明白，他甘愿用自己的血来平复贵族的仇恨，只为换得法治的延续，换得秦国的安定。

执笔者在史书上写道："车裂商君，秦人不怜。"

青山处处埋忠骨，何须马革裹尸还。

"禀君上，此人便是俘虏韩太子奂的冯高。"好小子，不愧是我秦人，本王知道你家人替你寻了门亲事，特准你返乡完婚，再回战场。"谢君上，君上万年。"他吼着行礼，原本黝黑的脸却透着红光，积满了喜悦，脚似踩了冰似的滑出去。你走反了，门在南边，他拱手回应缓缓退离，一转身撞到殿门上。"禀君上，楚军压境，他国皆作壁上观，唯韩国愿结盟。"相国说。"本王何尝不知与韩结盟，韩王不收城池不纳美姬，单要冯高赴韩！"看着桌案上越叠越高的军报，消息早已传遍军营，再不盟韩，秦危矣。不过几日，他果真还是来了。本王不允许你赴韩，你俘虏韩太子，追击逃跑的他致其坠崖而亡,韩人定会将你碎尸万段。"臣明白,若不结盟便会死更多秦人。"可你的妻子怎么办?"赳赳老秦,共赴国难。"他拱手退下,一步一步都踏在我的心间,他还是走上了那条不归之路……

这便是孙皓晖所著的《大秦帝国》,一段奋斗崛起的往事,一片百家争鸣的盛况。大争之世,群雄逐鹿,边陲小国,何以争霸? 总有那么些人,不可理喻地变法,刑上贵族,若是通融,怎会走上绝路? 总有那么些人,莽莽撞撞冲向敌国,若是退后,怎会置于死地? 难道会不知与家人寄情山水的乐趣? 可退后了,谁来守护这片河山? 哪怕倾尽所有,哪怕弃尸荒野,只为强国崛起。死又何妨? 古往今来,多少文臣死谏,武将死战,中国的崛起,又付出了多少鲜血? 我们又该为实现理想、为国家强大做些什么?(一连串问句,此气血之言,足以激人心中豪情!)

点 评

作者抽取两个感触较深的片段作细致的描写,展现了原书的精华,没有简介式的僵硬乏味。作者结合自己的理解对原书进行了"再诉说"。稍有遗憾的是,第二个片段略显单薄,结尾有些突兀。结尾与前文有一定程度的不平衡。另外,希望作者下次写作此类文章时,减少对原书的依赖性,更多地叙写对书本的看法和感想。

图书在版编目(CIP)数据

诗书漫卷的时光 / "阅读伴我成长"系列丛书编委
会编. 一杭州:浙江文艺出版社,2017.4
ISBN 978-7-5339-4832-0

Ⅰ.①诗…　Ⅱ.①阅…　Ⅲ.①作文—中学—选集
Ⅳ.①H194.5

中国版本图书馆 CIP 数据核字(2017)第 060155 号

责任编辑　何晓博
装帧设计　吴　瑕

诗书漫卷的时光
(2016 年中学卷)

"阅读伴我成长"系列丛书编委会 编

出版　浙江文艺出版社
地址　杭州市体育场路 347 号
邮编　310006
网址　www.zjwycbs.cn
经销　浙江省新华书店集团有限公司
制版　杭州天一图文制作有限公司
印刷　杭州富阳美术印刷有限公司
开本　710 毫米×1000 毫米　1/16
字数　217 千字
印张　12.5
插页　2
版次　2017 年 4 月第 1 版　2017 年 4 月第 1 次印刷
书号　ISBN 978-7-5339-4832-0
定价　**28.00** 元